Nadja Nollau | Dieter Nollau

Das Gourmet Prinzip

Nadja Nollau | Dieter Nollau

Das Gourmet Prinzip

Inhalt

13 Das GOURMET-PRINZIP auf einen Blick

14 Schlankgeheimnis Timing

64 Schlankgeheimnis Muskeln

74 Schlankgeheimnis Entspannung

82 Schlankgeheimnis Selberkochen: Die Rezepte

Nadja Nollau

Die Journalistin und Autorin lebt und arbeitet in München. Im Lauf ihrer langjährigen journalistischen Tätigkeit hat sie sich auf die Themen Gesundheit, Fitness, Ernährung und Psychologie konzentriert. Sie schreibt regelmäßig für diverse Zeitschriften und hat einige Bücher herausgebracht.

Unter anderem entwickelte und schrieb sie 2001 »Die Vollweib-Diät« für die Schauspielerin Christine Neubauer. Bereits damals formulierte Nadja Nollau die These: Man muss essen, um abzunehmen. Als Ehefrau eines Hobbykochs und Feinschmeckers suchte sie weiter nach einem Weg, trotz des kulinarischen Verwöhnprogramms ihres Mannes auch in Zukunft schlank zu bleiben. Sie recherchierte, interviewte Fachleute, testete selbst viele Diäten und probierte gemeinsam mit ihrem Mann neue Kochrezepte aus. Nach und nach entstand daraus ein Ernährungskonzept, das allen Ansprüchen gerecht wurde. Seitdem sind Gedanken um Gewichtsprobleme Schnee von gestern.

Dr. med. Dieter Nollau

Der orthopädische Chirurg und Sportmediziner hat neben seinem Beruf eine zweite Passion: das Kochen. Der leidenschaftliche Hobbykoch liebt es, über Märkte zu schlendern, kulinarische Leckereien zu entdecken, in Kochbüchern zu schmökern, selbst zu kochen und Sterneköchen über die Schulter zu schauen. Wann immer er Zeit hat, arbeitet er in seiner Heimatstadt München im Zwei-Sterne-Restaurant Tantris in der Küche seines Freundes Hans Haas mit und lernt so von den Profis.

Am liebsten steht er jedoch selbst am Herd und verwöhnt seine Familie und Freunde mit feinen Menüs. 2012 gewann er beim Kochwettbewerb der Zeitschrift »Essen & Trinken«, der unter dem Motto »Deutsche Küche: neu interpretiert« stand, den Titel »Bester Hobbykoch Deutschlands«.

Aus eigener Erfahrung weiß er, wie schwer Abnehmen fällt. Als er vor zehn Jahren an Diabetes erkrankte, musste er seine Koch- und Essgewohnheiten an die neue Situation anpassen. Aber der Arzt und Feinschmecker weiß, dass Schlemmen und Schlankbleiben kein Widerspruch sind.

Vorwort von Dieter Nollau
und Tantris-Chef Hans Haas

Bücher haben ein Vorwort, vor allem wenn es um die wichtigen Dinge geht.
Aber kann ein Sternekoch, ein Chef, seinem Schüler ein Vorwort zu einem
»Diät-Kochbuch« schreiben?

Hans Haas ist seit 1992 Küchenchef des Münchner Tantris – ein Pilgerort für Gourmets und für viele Feinschmecker die Wiege der deutschen Gourmetküche. Im Buddhismus bedeutet »Tantris« Suche nach Vollkommenheit. Hans Haas wurde für seine Kochkunst mit zwei Michelin-Sternen und 18 Gault-Millau-Punkten bedacht.

Als sein »Schüler« habe ich mir die Philosophie des guten Essens meines »Chefs«, Hans Haas, seit vielen Jahren mit allen silbernen Löffeln einverleibt. Die vielen Stunden praktischer Lehrzeit und die Umsetzung dieser Philosophie haben es mir möglich gemacht, die Rezepte für das GOURMET-PRINZIP zu entwickeln. Und immer habe ich die Worte im Kopf gehabt, die Hans Haas allen Lesern im Folgenden persönlich nahebringen wird: »DAS PRODUKT MUSS STIMMEN, ALLE ZUTATEN MÜSSEN PASSEN UND ES MUSS HARMONIEREN. EINFACH UND KONZENTRIERT AUF DEN GESCHMACK. UND ES MUSS SCHMECKEN – DAS IST DAS WICHTIGSTE BEIM ESSEN.«

Für die vielen Stunden strenger Lehrzeit danke ich ihm besonders. Außerdem danke ich meiner Frau, der Hauptautorin, dafür, dass ich dieses wundervolle neue Diät-Prinzip mit meinen Rezepten begleiten durfte. Und für jedes einzelne Kilo, das ich abgenommen habe, ohne meine Liebe zum Essen verleugnen zu müssen.

Auf die Frage, was er denn nun vom GOURMET-PRINZIP hält, hat Hans Haas kurz und klar, wie es so seine Art ist, unsere Idee bestätigt, dass jeder, der mit Leidenschaft und Geschmack Essen zubereitet und dabei auch noch Qualitätssinn einbringt, ein Gourmet und dazu noch schlank sein kann: »DAS FUNKTIONIERT, DAS MACHE ICH JA TAG FÜR TAG AUCH IN MEINER KÜCHE. DENN EIN GOURMET IST, WER FREUDE AM ESSEN HAT UND WERT AUF GENUSS LEGT. UND GUTES ESSEN AUS FRISCHEN PRODUKTEN IST NICHT NUR GESUND, ES MACHT AUCH NICHT DICK. DICKMACHER SIND FERTIGGERICHTE UND SCHLECHTE PRODUKTE. EIN BISSCHEN BUTTER IN MASSEN IST KEIN PROBLEM.«

Was der Sternekoch im Tantris seit 22 Jahren mit ungebrochener Passion auf die Teller zaubert, schmeckt auch wie von einem anderen Stern: aromatisch, frisch und alle Qualitätsprodukte ohne Firlefanz zu einem harmonisch vollendeten Gericht zusammengefügt. Zu schwierig für einen Hobbykoch und die Alltagsküche? »ABER NEIN. ES MUSS NICHT IMMER KAVIAR SEIN … ES GEHT UM GUTE ZUTATEN, MÖGLICHST REGIONAL UND SAISONAL. WENN ICH AUF DEM BERG BIN, ESSE ICH JA AUCH KEINE SEEZUNGE, SONDERN EINE GUT GEMACHTE KNÖDELSUPPE. SPARGEL GIBT ES BEI MIR NUR VON APRIL BIS JUNI, DANACH IST GUT. UND ERDBEEREN AN WEIHNACHTEN SIND EINE KATASTROPHE. DIE ESSE ICH NUR WÄHREND DER SAISON.«

Vorwort von Nadja Nollau
Wie alles begann

Er: Wie geht's?

Sie: (stöhnt): Ich bin auf Diät.

Er: Aber wieso, du hast doch eine tolle Figur.

Sie: Du solltest mal meine Oberschenkel sehen.

Er: Gerne ... wie viel hast du schon abgenommen?

Sie: 7,3 Gramm. In zwei Stunden!

Er: Äh?

Sie: Ich war beim Friseur.

Als Paul Bocuse einmal gefragt wurde, warum die meisten Sterneköche Männer seien, antwortete er, dass Frauen zwei Themen mit in die Küche bringen würden: Dekoration und Moral. Und das würde für ein gelungenes Mahl nun mal nicht reichen. Ganz unrecht hatte er nicht: Frauen achten beim Kochen und Essen auf mehr als nur auf die Gaumenfreuden. Vor der Lust kommen die Bedenken, und oft liegt das Hauptaugenmerk auf Kalorien und Fettgehalt. Vermutlich wird uns Frauen das bereits in die Wiege gelegt. Schließlich nehmen viele von uns schon beim Lesen des Fettgedruckten zu. Und die meisten wissen nur zu gut, wie schwer es fallen kann, das Wunschgewicht zu halten – vor allem mit zunehmendem Alter.

Was möchtest du heute essen?

Diese Frage stellt mir mein Mann JEDEN Morgen. Denn bei uns kocht er, früher gelegentlich auch vor Wut, wenn meine knurrigen Antworten immer häufiger »nur einen Salat« oder »nichts« lauteten. Denn viele Jahre bewegte ich mich zwischen den Polen »Shrek is back«, sprich: Mal wieder nicht aufgepasst, und »Ironman«, meint: Ich bin hart gegen mich selbst und auf Diät. Denn kleine Sünden bestrafte der liebe

Gott damals sofort. Einen Caipirinha vor dem Abendessen, zum Abschluss ein leckeres Dessert ... und am nächsten Morgen war die Welt nicht mehr in Ordnung. Auf den Genuss folgte immer der Verzicht. Kürzlich erst habe ich die beste Erklärung gehört, was Kalorien eigentlich sind: kleine Tierchen, die nachts die Klamotten heimlich enger nähen.

Ich bin so froh, dass diese lustfeindliche, unsinnige Logik Vergangenheit ist. Aber es gab eine längere Phase, in der solche Unterhaltungen unsere Beziehung auf eine harte Probe stellten. Zu Zeiten von »Low-Carb«, »No Fat«, »Magic Soup« oder einem radikalen »Heilfasten« hing der Haussegen schon mal schief. Hemmungsloses Reinhauen stand eben nicht mehr auf dem Plan.

Eine figurbewusste Frau kann eine harte Prüfung für jeden Ehemann und Hobbykoch sein. Vor allem wenn ich morgens nach dem Wiegen mal wieder feststellte, dass ich trotz Disziplin auf dem besten Weg war, mein Idealgewicht weit hinter mir zu lassen. Dann war die Laune im dritten Kelleruntergeschoss. Auf meine leisen Flüche reagierte mein Mann nur mit einem verständnislosen »mei o' mei«, band sich in

Gedanken schon wieder die Schürze um und fragte mich erwartungsfroh: »Was möchtest du heute Abend essen?«. Er reagierte völlig konsterniert, wenn ich seine Liebesbeweise nicht honorierte, sondern unter Schnappatmung hervorstieß: »Ich darf nichts mehr essen, ich brauch eine Diät!«. Schließlich wollte ich die ungeliebten Pfunde schnell wieder loswerden, und zwar pronto! Denn ich bin nicht mit der Geduld eines Pfahlsitzers gesegnet.

Abnehmen beginnt im Kopf

Such dir eine andere Einstellung, dann klappt's auch mit dem Abnehmen? Leichter gesagt als getan. Denn Fettreserven haben drei beneidenswerte Eigenschaften: Sie sind hartnäckig, widerstandsfähig und anhänglich. Und keiner mag sie. Doch das lässt sie völlig unbeeindruckt auf Bauch, Beinen, Po und Hüften verweilen. Später sogar am Hals, an den Oberarmen und den Achseln. Wenn Fettzellen wollen, können sie sich um das 200-Fache aufblähen! Warum können das Gehirnzellen eigentlich nicht? Wir wissen nicht, ob unserem Schöpfer da ein Missgeschick unterlaufen ist – aber wir kennen die Folgen.

Als ich meinen heutigen Ehemann vor knapp zwei Jahrzehnten kennenlernte, war ich sehr schlank. Ich wog 58 Kilo bei 174 Zentimeter Größe und hatte schon einige Diäten hinter mir. Er hatte gerade zehn überflüssige Kilo weg-»gefitnesst«, wie ich etwas später erfuhr. Damals rauchte ich wie ein Schlot und betrachtete Essen eher als notwendige Tatsache, mein Mann dagegen liebte Essen, Kochen und vor allem die Gourmetküche. Bei unserem ersten Date führte er mich in ein Sternerestaurant. Und als er bei unserer zweiten Verabredung für mich kochte und mir einen selbst gemachten getrüffelten Kartoffelbrei servierte, neben vielen anderen Köstlichkeiten, war es um mich geschehen. Der cremige Kartoffelbrei in Verbindung mit dem betörenden Trüffelaroma vernebelte mir auf wunderbare Weise die Sinne. So etwas Leckeres hatte ich lange nicht mehr gegessen. Kein Zweifel: Männer, die kochen (oder ein Instrument beherrschen), sind unwiderstehlich.

Damals hatte ich schon einige erfolglose Versuche hinter mir, endlich mit dem Rauchen aufzuhören. Die Beziehung mit einem Nichtraucher lieferte neue Motivation. Und tatsächlich gelang es mir, das Laster loszuwerden. Das fiel mir überhaupt nicht leicht, aber das soll hier nicht das Thema sein. Wenn es jedoch um den Kampf geht, schlechte Gewohnheiten loszuwerden, kann ich mitreden. Mit dem Rauchen aufzuhören ist ein Synonym für Zunehmen. Denn ohne den Glimmstängel im Mund wird Essen zur willkommenen Ersatzbefriedigung. Wie alle Neu-Nichtraucher entdeckte ich im gleichen Atemzug eine völlig vergessene Geschmackswelt. Alles, was ich aß, schmeckte jetzt viel intensiver. Es ist eine überraschende Erfahrung, die verschiedenen Ingredienzien zu riechen und zu schmecken, die ein Nikotinteppich jahrelang erstickt hat. Von da an aß ich mit Herzenslust. Denn Hunger hatte ich jetzt plötzlich auch – Bärenhunger.

Sie ahnen es bereits: Natürlich hatte der neu entdeckte kulinarische Genuss sichtbare Nebeneffekte. Mit einem Mal kniff die Hose im Bund, erste Speckröllchen wuchsen unter der Gürtellinie, die Knöpfe an der Bluse spannten. Aber noch ignorierte ich diese Veränderungen mit der Begründung, das gibt sich wieder. Mit Mitte 30 haben wachsende Veränderungen rund um Bauch, Beine, Po nämlich noch eine kompakte Konsistenz.

Wenn ich damals meinem Liebsten beim Kochen zusah und er mir fachmännisch erklärte, wie er nun den Fisch filetieren, würzen und zubereiten würde, hing ich an seinen Lippen.

Erst dem Koch, dann dem Fisch. Mit jedem neuen Gericht, das er mir auf den Teller zauberte oder das wir in einem Restaurant mit oder ohne Sterne, Hauben oder Michelinpunkte ausprobierten, lernte ich kulinarisch dazu.

Heute koche ich zwar immer noch nicht – nur in Ausnahmefällen, wenn der Koch streikt oder verreist ist. Ich habe dieses (Induktions-)Feld widerstandslos meiner besseren Hälfte überlassen. Was gibt es für einen größeren Luxus, als täglich bekocht zu werden? Aber auch ohne selbst am Herd zu stehen, verstehe ich heute sehr viel vom Essen. Egal ob einfache Hausmannskost wie Stampfkartoffeln mit Quark oder ein raffiniertes Gericht aus einem Gourmetrestaurant – gutes Essen macht sehr, sehr glücklich und manchmal auch unglücklich: Denn es kann Problemzonen schaffen …

Bei diesem Rundum-sorglos-Verwöhnprogramm stellte sich nur irgendwann die Frage, wie ich es schaffen sollte, wieder abzunehmen und dann auch schlank zu bleiben. Denn so konnte es nicht weitergehen. Ich gebe es offen zu: Ich esse gerne, aber ich finde Schlanksein auch sehr schön. Nichts schmeckt so gut, wie es sich anfühlt, dünn zu sein, soll Fotomodel Kate Moss mal gesagt haben. Na ja, das würde ich so nicht unterschreiben, aber ganz von der Hand zu weisen ist ihre Behauptung auch nicht. Schlank zu sein macht das Leben im wahrsten Wortsinn leichter, und die Energie, die nicht in Diäten versickert, bleibt für die wirklich wichtigen Dinge übrig.

Zurück zum Wunschgewicht
Mein persönliches Idealgewicht definiere ich mit maximal 60 Kilo. Das mag für diejenigen, die sich mit 10, 20 oder noch mehr Kilo zu viel herumschlagen, ein Witz sein. Aber ich kann es nun mal nicht ändern. Wenn die Waage 61 Kilo

anzeigt, wechselt mein persönlicher Alarmcode auf Rot. Noch ein Kilo mehr und meine Alarmglocken schrillen. 63 Kilo sind die absolute Schallgrenze – dann brennt der Baum, und ich ziehe wieder in den Krieg gegen die Fettzellen mit dem Schlachtruf: »Wehret den Anfängen, das dicke Ende kommt bestimmt.«

So ging es die nächsten Jahre: Das Gewicht ging nach oben, die nächste Diät folgte. Langsam wuchs in mir die Erkenntnis: Das kann es ja wohl nicht sein! Entweder würde ich in einem freudlosen Hungerhaken-Dasein wie all die Magermodels enden, die zwar dünn sind, aber so viel Lebensfreude ausstrahlen wie ein Grottenolm. Oder ich überließ mich dem drohenden Frauenschicksal und würde eben Jahresringe zulegen und Cellulitis bekommen. Gab es denn überhaupt keinen Ausweg aus diesem Jammertal?

Oh doch, meine Leidensgenossinnen, den gibt es! Deshalb habe ich zusammen mit meinem Mann dieses Buch geschrieben. Dazu muss man kein Diätpapst, Biochemiker oder Ernährungswissenschaftler sein. Lebenserfahrung und sichtbare Erfolge sprechen hier für sich. Und diese wunderbare Erfahrung möchte ich teilen. Denn nichts ist ätzender als Frauen, die scheinbar nie altern oder zunehmen und nach ihren Beauty-Geheimnissen gefragt immer mit demselben Märchen antworten: »Oh, ich esse alles und ununterbrochen, und meine Falten trinke ich mit Mineralwasser weg.« Das ist glatt gelogen!

Aber ein Schlankgeheimnis gibt es sehr wohl. Unseres basiert auf dem GOURMET-PRINZIP: Es bedeutet schlemmen und dabei schlank werden und vor allem bleiben, ohne auch nur einen Tag zu hungern oder auf irgendein Lebensmittel zu verzichten, ohne Diäten und ohne Kalorien zu zählen. Das klingt paradox, ist aber eine Tatsache. Der Trick ist das

Timing. Dabei spielt es keine Rolle, ob Sie drei oder dreißig Kilo abnehmen wollen, der Weg ins Minus ist immer der gleiche, bei manchen ist er nur etwas länger. Für alle jedoch beginnt er mit dem ersten Schritt.

Steigen Sie also ein in ein kulinarisches Abenteuer und freuen Sie sich auf ein entspanntes Leben ohne Übergewicht, ohne Verzicht, aber mit Genuss im Überfluss. Dieses Buch möchte Ihnen ein neues Bauchgefühl vermitteln und eine erfolgreiche Methode zeigen, mit der Sie zu einer schlanken Linie zurückfinden. Denn Essen ist Vergnügen, und Sie müssen essen, um abzunehmen – eben gewusst wie!

Bei der Ernährungsweise nach dem GOURMET-PRINZIP steht die Lust am Essen im Mittelpunkt. Und deshalb orientieren sich alle Rezepte in diesem Buch an den Bewertungskriterien für die Sterneküche. Niemand muss sich dafür stundenlang in die Küche stellen und an komplizierten Rezepten verzweifeln. Eine schnelle und einfache Zubereitung mit frischen Produkten von erstklassiger Qualität, raffiniert gewürzt und verführerisch angerichtet, kennzeichnen das GOURMET-PRINZIP. Das funktioniert auch für Diabetiker, weil diese Schlankheitsküche auf die Balance des Blutzucker- spiegels achtet und gegen Übergewicht wirkt.

Wir leben seit über fünf Jahren nach dem GOURMET- PRINZIP – eine ausreichende Testphase, um sicher sein zu können, dass es dauerhaft schlank, wunderbar satt und sehr glücklich macht. Wenn ich gefragt werde, wie ich es schaffe, meine Figur zu behalten, kann ich ehrlich sagen: »Ich schlemme wie ein Gourmet.« Der Langzeiterfolg ist mir anzusehen – und Beweis genug.

Um es gleich vorweg zu sagen: Ohne eine Änderung des bisherigen Essverhaltens klappt das nicht – aber es gelingt, wenn das Essen schmeckt, satt macht und keine Diät ist. Dafür stellen wir Ihnen eine Langzeitgarantie aus! Und ein Leben ohne Hungerkuren ist äußerst erquicklich. Das GOURMET-PRINZIP propagiert kein Kurzzeitdenken für eine zeitlich begrenzte (Diät)-Phase.

Das GOURMET-PRINZIP
auf einen Blick

Abgeleitet vom griechischen »díaita« meinte Diät ursprünglich eine gesunde, vom Arzt vorgeschriebene Lebensweise und wurde in dieser Bedeutung bereits von Hippokrates verwendet. Diät bedeutete einst nicht hungern, sondern eine konsequente Umstellung der Ernährung – der einzig sinnvolle Weg, um dauerhaft schlank zu werden und zu bleiben. Und genau so funktioniert auch das GOURMET-PRINZIP. Die Ernährungsumstellung dauert 20 Tage und findet in drei Phasen statt. So kann sich jede/r langsam an die neue Feinschmecker-Esskultur gewöhnen und die Methoden für das genussvolle Schlemmen kennenlernen.

Phase 1: Die Protein-Phase

Während der Protein-Phase stellen Sie nur Ihr Abendessen um. Zehn Tage lang (oder nach Belieben auch länger) gibt es abends nur Eiweiß pur. Erlaubt sind Geflügel, Fisch und Meeresfrüchte, Fleisch, Sojaprodukte wie Tofu, Pilze, Eier, Käse, Nüsse und Hülsenfrüchte. Es gibt keine Einschränkung bei den Portionen. Aber in der Anfangszeit essen Sie am Abend weder Gemüse noch Salat und Sie verzichten komplett auf Sättigungsbeilagen wie Reis, Nudeln, Brot oder Kartoffeln. Auch Alkohol ist tabu. Wer es gewohnt war, abends auf der Couch Chips, Süßigkeiten & Co. zu naschen, darf stattdessen ein paar Nüsse knabbern – aber auch diese natürlich in Maßen.

Phase 2: Die Balance-Phase

Während der Balance-Phase stellen Sie in den darauffolgenden zehn Tagen Ihren Hungerrhythmus ein. Inzwischen sollte es fast schon zur Routine geworden sein, am Abend Eiweiß pur zu essen. Wenn Sie sich gut damit fühlen, können Sie abends auch weiterhin darauf setzen. Sie können diese strenge Phase jetzt aber auch beenden und abends als Beilage zum Eiweiß Salat oder Gemüse essen. Nur die klassischen Sättigungsbeilagen wie Brot, Reis, Nudeln und Kartoffeln bleiben tabu. In der Balance-Phase dreht sich alles um die Mahlzeiten tagsüber, ums Frühstück und das Mittagessen. Wer es gewohnt war, dreimal pro Tag zu essen, für den ändert sich fast nichts. Wenn Sie jedoch bisher zwischendurch, wann immer Ihnen der Sinn danach stand, gesnackt haben, wird es eine Umstellung. Dreimal essen pro Tag mit ca. fünf Stunden Pause zwischen Frühstück und Mittagessen bzw. Mittagessen und Abendessen balanciert den Blutzuckerspiegel. Sie ersetzen außerdem schnellen Zucker durch komplexe Kohlenhydrate. Das macht richtig satt, sodass die fünf Stunden kein Problem mehr darstellen.

Phase 3: Die Gourmet-Phase

In der Gourmet-Phase geht es darum, die neue Ernährungsweise zu vertiefen und so zu gestalten, dass Sie damit für immer weitermachen können. Denn das Ziel ist ja nicht nur ein konsequentes Abnehmen, sondern ein dauerhafter Erfolg. Deswegen ist Phase 3 auch zeitlich unbegrenzt.

Schlankgeheimnis
Timing

Liebe geht durch den Magen und landet auf den Hüften
… bei den meisten jedenfalls. Das muss nicht so sein.
Nicht die Menge, sondern was wir zu welcher Uhrzeit
essen, spielt die entscheidende Rolle für unser Gewicht.
Richtig »getimte« Mahlzeiten machen nicht nur satt,
sondern auch schlank.

Das Denken
kann die Richtung ändern

Heute muss ich schmunzeln, wenn ich mich an die Diät-Dramen von früher erinnere. Wenn ich morgens gut gelaunt von der Waage steige und mir in Vorfreude auf ein köstliches Dinner schon genießerisch die Lippen lecke, strahlt »mein Koch« glücklich. Bei seiner täglichen Frage, wonach mir der Sinn stehen könnte, schweben meine Gedanken unwillkürlich zu Köstlichkeiten wie Schweinebraten, Zitronenhuhn, Lachstatar, knuspriger Ente, Linsensuppe, Tafelspitz oder Lammkarree. Und »Dinner Cancelling« ist unter dem Motto: »Die dümmsten Erfindungen seit FdH« abgehakt.

Apropos Lamm. Ich erinnere mich noch gut an ein Lammgericht, das ich mit großem Genuss gegessen habe. Bis zu diesem Tag hatte ich dieses Fleisch aufs Tiefste verabscheut. Das hatte seinen Ursprung auf Korfu, wo ich Mitte der 1980er-Jahre einmal in einem mittelmäßigen Hotel mit Halbpension gelandet war. Dort wurde am ersten Abend eine Art Gulasch aus Lamm aufgetischt. Der Geschmack war so grauenvoll, dass ich mich von da an hartnäckig weigerte, noch einmal in meinem Leben Lamm zu essen. Selbst 15 Jahre später gelang es meinem Mann nicht, mich zu einem neuen Versuch zu überreden.

2004, auf einer Reise durch die Provence, besuchten wir ein befreundetes Paar, das im Gourmetparadies, dem Luberon, lebt. Wir waren zum Mittagessen geladen, und der Gastgeber ließ mich einen Blick in den Ofen werfen. Dort schmorte angeblich eine Kalbshaxe. Mein Mann hatte ihn nach unserer Ankunft noch rechtzeitig warnen können, das Wort »Lamm« bloß nicht zu erwähnen. Ich hätte garantiert keinen Bissen davon angerührt. So freute ich mich auf die Kalbshaxe und machte mich dann auch mit großem Genuss darüber her. Das Fleisch war zart und schmeckte vorzüglich. Ich ließ mir eine zweite Portion nachlegen.

Am nächsten Morgen erfuhr ich dann die Wahrheit. Mein Mann und meine Freunde amüsierten sich köstlich über meinen Irrtum und klärten mich auf: Sie hatten mir ein junges Prè-sàlé-Lamm serviert. Es hatte zu Lebzeiten auf Salzwiesen gegrast, in der Nähe des Meers. Sein Futter, die würzigen Gräser, hatten das Fleisch besonders schmackhaft aromatisiert. Meine prägende Abscheu beruhte jedoch auf einem Lammgericht, das von einem älteren Tier gestammt haben musste. Je älter das Lamm bei der Schlachtung ist, umso stärker hat sich das Sexualhormon ausgebildet, das dann den eigentümlichen Geschmack ausmacht, den ich so ekelhaft fand.

Warum ich Ihnen diese Geschichte so ausführlich erzähle? Das bewährte Motto: »Kenn ich nicht, ess ich nicht« gilt für Feinschmecker nämlich nicht. Was Essen betrifft, können sich Vorlieben und Abneigungen verändern. Der Kopf ist rund, damit das Denken die Richtung ändern kann. Gourmets essen und testen gerne, sie lieben Überraschungen, natürlich nur gute! Wer sich für das GOURMET-PRINZIP entscheidet, möchte nie mehr schlecht essen. Dafür ist das Leben zu kurz! Und deshalb finden Sie im Rezeptteil auch einige wunderbare Lammrezepte.

16

Gibt es ein »Chips-Gen«?

Wissenschaftler vermuten, dass uns etwa die Hälfte unserer Persönlichkeit in die Wiege gelegt wird, Fettzellen inklusive. Wir kommen nicht als unbeschriebenes Blatt zur Welt. Wesen und Temperament bringen wir schon mit. Es sind Erziehung, Umwelt, Erfahrung und Wille, die dann den Charakter formen. Mit jedem Lebensjahr wächst also die Möglichkeit, das Leben nach den eigenen Vorstellungen zu gestalten. Jeder kann wachsen – auch wenn es nur in die Breite ist.

Aber wir sind unseren Genen und unserem Bauplan nicht völlig willenlos ausgeliefert. Zwar gehen unsere Hoffnungen und Ängste, unsere Einstellungen und Reaktionen, unsere Ansichten und Träume auf unsere angelegte Persönlichkeit zurück. Aber mit unserem Bewusstsein und unserem Verstand können wir darauf einwirken. Es gibt kein »Ich-muss-zum-Kühlschrank-Gen«. Wir können Schwächen ausgleichen, uns Ängsten stellen, Stärken gezielt verwenden, Reaktionen kontrollieren, erst denken, dann handeln oder erst auswählen und dann reinbeißen. Wir können Neues dazulernen, Überholtes ablegen, Absichten ändern, Wünsche vergessen … also die Chipstüte zulassen oder, noch besser, gar nicht erst kaufen.

Die Diätfalle

So wie es immer mehr Dicke gibt, erscheinen auch immer mehr neue Diäten, Diätbücher und Diätprodukte, die Hilfe im Kampf mit den Pfunden versprechen. Aber der Erfolg lässt auf sich warten. Warum gibt es immer noch kein Anti-Nutella-Suchtprogramm mit Entwöhnungskur oder ein Schokoladen-Pflaster für alle, die auf ein Leben ohne Süßigkeiten hoffen? Noch nicht einmal eine Selbsthilfegruppe für Chips-Abhängige existiert. So ganz auf sich alleine gestellt, fehlt vielen die innere Stärke, abends auf der Couch den aufkeimenden Gelüsten zu widerstehen. Aber es gibt ja angeblich Hilfe. Dafür müssen wir nur tief genug in die Tasche greifen und sofort fühlen wir uns leichter. Kein Wunder, denn Diätmittel sind nie billig, genauso wenig wie Aufenthalte auf Diätfarmen. Dafür, dass wir nur Brühe, Wasser, Tee und Einläufe bekommen, zahlen wir Preise wie für eine Vollpension im Luxushotel. Seltsam, dass wir nur allzu bereit den Versprechungen Glauben schenken wollen und viel Geld fürs Abnehmen ausgeben.

Jeder, der schlank bleiben oder schlank werden will, setzt große Hoffnungen in die neueste Diät, die gerade wieder am Horizont erschienen ist und in Angriff genommen wird. Manche machen sogar zwei, weil sie von einer Diät gar nicht satt werden. Mit großem Elan wird ausprobiert, abgenommen und wieder zugenommen. Und so schraubt sich mit den Jahren das Kampfgewicht allmählich nach oben – trotz oder wegen Diätkost und Selbstkasteiung.

In einem früheren Leben hatte ich einmal sogar zwei Wochen Heilfasten absolviert und 14 Tage überhaupt nichts gegessen – außer einer himmlischen Gemüsebrühe, die mir mein Mann nach einem Rezept (siehe Seite 139) von Sternekoch Eckart Witzigmann gekocht hatte. Wenn schon hungern, dann wenigstes mit Stil, lautete seine Devise. Und tatsächlich hatte ich damit mein »böses Übergewicht« um fünf Kilogramm reduziert und passte wieder in eine enge Jeans. Die Erfahrung, zwei Wochen komplett ohne feste Nahrung auszukommen, war durchaus interessant. Das klappt sogar leichter als vermutet. Nach zwei, drei Tagen verflüchtigen sich die Hungergefühle und werden von euphorischen Stimmungen abgelöst. Aber nichts essen heißt auch nicht am Leben teilnehmen. Und das geht gar nicht. Gerade in solchen Phasen wird deutlich, dass Essen einen unersetzlichen Teil von Lebensfreude und Geselligkeit ausmacht.

17

Tagtäglich zeigen uns die Medien Körper im »Idealzustand« – und was nicht passt, wird mit Photoshop passend gemacht. Diese Bilder ziehen nicht spurlos an uns vorüber ... und manipulieren mitunter sogar unser Spiegelbild.

Das Leben besteht natürlich aus mehr als nur aus Essen, aber es ist für viele bestimmt die wichtigste, für andere die zweit-wichtigste Nebensache der Welt. Um die kulinarische Wertschätzung in all dem Überfluss jedoch aufzufrischen, könnte eine Woche Verzicht durchaus einmal sinnvoll sein – aber auf keinen Fall, um damit sein Gewicht zu kontrollieren. Sie glauben gar nicht, wie schnell die fünf verlorenen Kilo wieder zurück waren und die Jeans erneut im

hintersten Winkel meines Schranks landete. Same procedure as every year ... Der Frust darüber wog doppelt schwer.

Die meisten haben nach solchen Erfahrungen das Leben auf Diät satt und gehen trotzdem unbeirrt weiter auf diesem Weg, der mit Minenfeldern aus Zuckerbomben und Fettfallen gepflastert ist. Wir leben nun mal in einer Welt, die das Übergewicht fördert. Aber die Hoffnung stirbt ja bekanntlich zuletzt. Vielleicht hapert es ja nur an der Art der Wünsche, wenn das Gewicht nicht passt? Falls Sie nun mit dem Gedanken spielen, eines dieser seltsamen Seminare bei einem wenig bekannten Ex-Schauspieler und Neu-Guru in Sachen »Wünsch dir was« zu belegen, kann ich nur abraten. Dieser Weg führt genauso in die Irre wie der Bikini-Notfallplan eines Diätherstellers oder das Heilfasten.

Das manipulierte Spiegelbild

Ich habe von einer Umfrage gelesen, der zufolge Frauen bereit wären, auf ein Jahr ihres Lebens zu verzichten, nur um eine perfekte Figur zu haben. Vor 15 Jahren hätte ich ebenfalls ganz laut »JA!« gerufen, die Ellenbogen ausgefahren und mich durch die Meute bis in die erste Reihe gekämpft. Was bedeutet schon ein Jahr weniger für Jahrzehnte ohne Diät? Die Sehnsucht nach einer schlanken Figur scheint genauso wie der Traum von der ewigen Jugend von unbegrenzter Haltbarkeit, verbunden mit dem Wunsch, dieses Ziel ohne jede größere Einschränkung, ohne Verzicht und vor allem ohne Disziplin erreichen zu können. Alleine die Vorstellung, wie es sich mit einem schlanken, straffen Traumkörper lebt und ihn auf ewig zu behalten … Das Leben könnte so einfach sein ohne diese lästigen Pfunde.

In den Werbespots finden sich Lösungen für jedes Figurproblem. »Ich will so bleiben, wie ich bin« lautet der Werbeslogan eines Diätkostherstellers – fragt sich nur, wen die damit eigentlich meinen. Natürlich könnten wir uns das Leben leicht machen und uns gemütlich in der Übergröße einrichten. Schließlich kommt es auf die inneren Werte an und wahre Schönheit bekanntlich von innen. Aber wer will auf Flugreisen nicht nur fürs Übergepäck draufzahlen, sondern auch fürs Übergewicht? Die erste findige Airline hat's schon vorgemacht. Ich wette, dass die anderen Fluggesellschaften bald folgen werden.

Damit wir also erst gar nicht auf den verführerischen Gedanke kommen, Übergewicht als unausweichliches Schicksal hinzunehmen, bombardieren uns die Medien mit strahlenden Menschen und perfekten Körpern. Und was nicht der Wirklichkeit entspricht, wird mithilfe technischer Tricks perfektioniert. Photoshop sei Dank verschwinden Bauchansatz und Hüftspeck samt Cellulitis nach der Bildbearbeitung auch ohne Diät. Heidi Klum warb rank und schlank für Süßigkeiten und Fast Food, beides sicher keine Sachen, die Laufstegschönheiten zu sich nehmen. Und da Models trotzdem nur Menschen sind, werden Werbefotos entsprechend kaschiert.

Werbefotos für einen Bademodenhersteller zeigten ein ehemaliges »Vollweib« in einem Bodyforming-Badeanzug mit dem makellosen Körper einer 14-Jährigen. Das Trugbild schlug hohe Wellen und rief selbst den anderen Werbepartner Weight Watchers auf den Plan. Wir Frauen sehen diese Illusion und rätseln: Wie schafft die das nur? Selbst mir hatte der Anblick die Sprache verschlagen. Zum Glück kannte ich das Original.

Auch die vorherrschende Mode tut ihr Übriges: Bei uns sind enge Tops, kurze Röcke und knappe Hüfthosen modern statt der alles verhüllenden arabischen Burka. Und wer einmal in einer Umkleidekabine unter dem gnadenlossadistischen Licht in den Spiegel gestarrt hat, wendet sich mit Grauen ab und sucht garantiert nach der nächsten Diät. Diese halbnackte Frau von gegenüber muss eine nahe Verwandte des Michelin-Männchens sein. Das sind unvergessene Schrecksekunden, in denen vermutlich einige hoffen, sich augenblicklich in Luft aufzulösen, denn für jedes Loch, in das man vor Scham abtauchen könnte, ist der Umfang der Muffin-Taille vielleicht schon zu groß. Dieser Wahnsinn hat doch Methode, oder was meinen Sie?

19

Auch bei mir hat sich diese infame Manipulation so verfangen, und trotz Idealgewicht schreit das Spiegelbild in einer Umkleidekabine heute manchmal noch: »Heul doch!«. In solchen Momenten rufe ich mir sofort das GOURMET-PRINZIP ins Gedächtnis – meine Rettung. Und falls Sie immer noch an dessen Wirksamkeit zweifeln, möchte ich Ihnen kurz erzählen, was ich heute gegessen habe. Zum Frühstück gab es einen üppigen Obstsalat mit Haferflocken und einem Joghurt, dazu einen Espresso macchiato und ein Glas Mineralwasser. Mittags hatte ich eine Quiche Lorraine (Rezept siehe Seite 142) mit Spargelsalat, zum Dessert ein kleines Erdbeertörtchen und wieder einen Espresso macchiato. Zum Abendessen hat mir mein Mann eine knusprige Hühnerbrust mit Chorizofüllung gebraten (Rezept siehe Seite 93).

Wer schlank sein will, muss leiden?

»Once on your lips, forever on your hips« lautet ein Schlachtruf der amerikanischen Schlankheitsapostel. Und die Drohung »einmal auf den Lippen, für immer auf den Hüften« hängt wie ein Damoklesschwert über jedem Teller. Das Problem lässt sich angeblich ganz leicht lösen: Weniger essen, dann klappt's auch mit dem Gewicht. Selten so gelacht …

Irgendwie laufen die gut gemeinten Ratschläge so oder so auf die gleiche These hinaus: Um schlank zu werden und zu bleiben, müssen wir halt viel weniger essen und uns viel mehr bewegen. Nur helfen diese Ratschläge niemandem wirklich weiter. Denn verzichten fällt unglaublich schwer. Egal wohin wir schauen: Überall locken kulinarische Verführungen. »Iss mich! Nimm mich!« tönt es von allen Seiten. Selbst disziplinierten Essern wie mir versagte damals die Beißhemmung. Und da die wenigsten das Kennzeichen »Eiserne Lady« auf der Stirn tragen, können sie den

ständigen Verführungen eben diese auch nicht bieten. Außerdem gibt es da ja auch noch die schweren Knochen und den miserablen Stoffwechsel, die den Zeiger der Waage immer weiter nach rechts schieben. Oder liegt's am verflixten Set-Point? Was das ist? Vergessen Sie es gleich wieder, es spielt keine Rolle.

Im 21. Jahrhundert ist Nahrungssuche für uns keine kraftraubende, zeitintensive und gefährliche Angelegenheit mehr wie bei den Jägern und Sammlern in der Steinzeit. Sie mussten sich ihre täglichen Kalorien mit körperlichem Einsatz erarbeiten – uns fällt heute das meiste einfach in den Schoß oder besser gesagt in den Einkaufskorb. Trotzdem essen viele so, als müssten sie täglich 16 Stunden Schwerstarbeit verrichten oder ein wildes Mammut jagen. Dieses große und ständig verfügbare Angebot macht es so schwer, schlank zu werden oder zu bleiben. Und so leben viele von uns nach dem Motto: Nach der Diät ist vor der Diät. Das GOURMET-PRINZIP ist ein wunderbarer Weg, diesem Teufelskreis zu entkommen.

Gemeinsam durch dick und dünn

Frauen nehmen nach der Heirat stärker zu als ihre Ehemänner. Haushalt, Beruf und dazu noch Kinder – dabei bleibt keine Zeit mehr für Sport. Und so sinkt »frau« abends erschöpft auf die Couch und gönnt sich noch etwas Nervennahrung gegen den ganz normalen Wahnsinn des Alltags. Außerdem lieben Männer deftige Kost – Salat und Gemüse ist ja eher was für Stallhasen. Ein ganzer Kerl braucht feste Nahrung und kein Diätessen. Und während er abends lustvoll sein paniertes Schnitzel mit Bratkartoffeln in sich hineinschaufelt, stochert sie lustlos im Beilagensalat und erntet dafür auch noch missbilligende Blicke. Männer lieben es angeblich, wenn Frauen etwas auf den Rippen haben. Seltsam nur, dass sie dann den Schlanken in

Zwischen Alltagswahnsinn und Dauerverlockungen fallen Verzicht und Disziplin unheimlich schwer.

wir abends nicht ausgingen, wurden die wunderbarsten Gerichte gekocht. Nach und nach hatte er die 100-Kilo-Grenze überschritten (bei 186 Zentimeter Körpergröße), ohne richtig darunter zu leiden. Doch spätestens, als er plötzlich mit der Diagnose Diabetes Typ 2 konfrontiert wurde, war klar: So konnte es nicht weitergehen.

Wir haben das geschafft. Mit dem GOURMET-PRINZIP hat die Geschichte vom alltäglichen Kalorienwahnsinn endlich ein Ende gefunden. Ich muss mir keine Sorgen mehr um mein Gewicht machen und schlemme nach Herzenslust, mein Mann hat seine Zuckerwerte im Griff und ist trotzdem ein Feinschmecker geblieben.

Eine Sache hat sich jedoch radikal verändert. Früher hatten wir unser Bücherregal in zwei Hälften geteilt. Auf der einen Seite stapelten sich die vielen Kochbücher meines Mannes, auf der anderen meine riesige Diätbuchsammlung. Jedes neue Koch- oder angeblich wichtige Diätbuch, das auf den Markt kam, landete bei uns daheim. Heute hat mein Mann beide Hälften mit den wirklich essenziellen Kochbüchern der Könner besetzt. Und meine Diätbücher sind komplett verschwunden. Ich brauche sie nicht mehr.

Hüftjeans oder Minirock nachschauen. Und die allergrößte Gemeinheit: Ihn stört sein dicker Bauch überhaupt nicht, während sie an jedem Kilo zu viel verzweifelt – zur großen Freude der Diätindustrie.

Tatsche ist, dass Männer sich in der Regel, was den Speiseplan angeht, durchsetzen. Und in meinem Fall, in dem ER meisterlich und hingebungsvoll, nicht nur an Wochenende oder bei Einladungen, sondern jeden Tag den Kochlöffel schwingt, war die Lage früher ziemlich hoffnungslos. Wenn

INFO

Für das Auftreten des Typ-2-Diabetes gibt es diverse Ursachen wie zu viel Gewicht, zu viel Stress oder falsche Ernährung. Was auch immer der Auslöser dafür ist, die Konsequenz bleibt immer die gleiche: Wer die Zuckerkrankheit in den Griff bekommen will, muss sich anders ernähren und mehr bewegen.

Schlemmen
und dabei abnehmen

Es gibt immer noch »Ernährungsexperten«, die behaupten, dass es überhaupt keinen Unterschied mache, wann wir was essen. Entscheidend sei ausschließlich die tägliche Menge der Kalorien. Wer mehr isst, als er an einem Tag verbraucht, nimmt zu, und wer weniger isst, nimmt ab. Klingt logisch, stimmt aber trotzdem nicht. Es macht einen gewaltigen Unterschied, ob wir 100 Kalorien Fett, 100 Kalorien Zucker oder 100 Kalorien Eiweiß essen und zu welcher Tageszeit.

Der Körper verarbeitet Kalorien am Morgen anders als gegen Mitternacht. Um das zu verstehen, muss man kein Wissenschaftler sein. Mit dem FdH-Irrtum macht dieses Buch endgültig Schluss. Wir leben seit Jahren nach dem Prinzip: Alles ist erlaubt, und niemand verlässt den Tisch hungrig oder unzufrieden wegen kleiner Portionen und langweiliger Diätkost. Der springende Punkt ist das richtige Timing der Mahlzeiten.

Wir nennen dieses paradiesische Leben das GOURMET-PRINZIP, weil es für Feinschmecker funktioniert und trotzdem nicht dick macht. Und wir, die Autoren, garantieren Ihnen: Das GOURMET-PRINZIP macht schlank – ohne Rückfallgefahr! Vergessen Sie das Kalorieneinsparen. Das Prinzip der Energiebilanz funktioniert einfach nicht. Wer hungert, um weniger Kalorien zu sich zu nehmen, als er braucht, büßt nicht nur Lebensfreunde ein, er scheitert irgendwann auch an einem mächtigem Gegner: seinem Gehirn.

Das Gehirn – der unbesiegbare Diktator

Menschen auf Diät sind wahre Disziplinwunder. Mit eiserner Energie und Durchhaltevermögen ertragen sie ihr trauriges kalorienreduziertes Dasein. Wochenlang ernähren sie sich von winzigen, oft langweiligen Portionen, ohne auch nur einmal schwach zu werden. In ganz dunklen Momenten landet vielleicht mal ein einziges Cornflake im Mund, aber nicht mehr. Und auch wenn sie der bohrende Hunger nachts zum Kühlschrank treibt, wie verdächtige Kratzspuren auf der Tür verraten, bleiben sie trotzdem hart und zehren von den eigenen Speckreserven. Statt Pizza gibt's eine Scheibe Knäckebrot, hauchdünn mit Diätmargarine bestrichen, und Eiweißshakes, mit denen sich auch Löcher in der Wand zuspachteln lassen.

INFO

Ein menschliches Gehirn wiegt etwa 1 300 Gramm, macht ca. zwei Prozent unserer Körpermasse aus und beherbergt rund 100 Milliarden Nervenzellen. Letztere steuern unser Denken und Handeln, unsere Bewegungen, aber auch unsere Erinnerungen und Gefühle. Die »grauen Zellen« verarbeiten sämtliche Informationen, die wir sehen, riechen, schmecken, hören, tasten oder fühlen.

Die Welt dankt ihnen diese Entsagungen nicht. Im Gegenteil, sie nimmt keine Rücksicht und torpediert die Diät rund um die Uhr. Aber Menschen auf Diät sind zu vielem fähig. Wer behauptet, dass Menschen mit offensichtlichen Gewichtsproblemen haltlose Geschöpfe seien, irrt gewaltig.

Wer einmal die leidvolle Erfahrung gemacht hat, trotz Heißhunger nichts zu essen, weiß, was Konsequenz bedeutet. Abnehmen mithilfe einer Diät ist ganz und gar nichts für Feiglinge. Denn mit Beginn einer Hungerkur rüstet der größte Feind zum Angriff: das Gehirn. Dieser fiese Gegner kennt listige Strategien. Er kann charmant auftreten und leise ins Ohr säuseln, dass so ein kleines Croissant doch gar nicht schaden kann. Wenn die diversen Verführungsversuche scheitern, lernen wir die Kopfdiva von ihrer anderen Seite kennen. Dann klappt sie das Visier herunter und bläst zum Angriff. Die Domina ist dabei nicht nur hinterhältig, sie verfügt auch über Hightech-Biowaffen, mit denen sie jede Hungerkur sabotiert. Dieses Waffenarsenal des Gehirns besteht aus Hormonen.

Das Gehirn lenkt die hochkomplexen Vorgänge unseres Körpers wie beispielsweise Herzschlag, Atmung, Verdauung oder Hormonproduktion. Wir spüren die komplizierten Vorgänge der Schaltzentrale in unserem Kopf nicht so, wie wir unseren Herzschlag gelegentlich fühlen können, dafür aber seine uneingeschränkte Macht über uns.

Kohlenhydrate: Turbotreibstoff für die Zellen

Hormone spielen beim Zu- und Abnehmen eine Schlüsselrolle – allen voran das Insulin. Es ist für den Zuckerstoffwechsel von essenzieller Bedeutung. Schon mit dem ersten Bissen beginnt unser Körper, alles umzusetzen, was wir gerade verspeisen. Die Verwertungsmaschinerie hat nur ein Ziel: alle wichtigen Bausteine aus der Nahrung herauszu-

Hungern führt nirgendwo hin – außer zu dem Signal an unser Gehirn, dass Nahrung benötigt wird.

holen und die Kalorien in Energie umzuwandeln. Im Lauf des Lebens verarbeitet unser Körper so Berge von Lebensmitteln: Geschätzte 30 Tonnen feste und 50 000 Liter flüssige Nahrung wandern zur Verdauung und Verwertung durch ein ausgeklügeltes System.

Beobachten wir doch einmal, wie sich die beliebte Laugenbrezel mit Butter nach dem Frühstück ihren Weg durch den Körper bahnt. Schon der Gedanke daran lässt das Wasser im Mund zusammenlaufen – Schritt Nummer eins: Der Speichel sammelt sich. Im Mund wird die Brezel zermalmt und eingeweicht, die Lieblingsbeschäftigung aller Babys und Kleinkinder. Der Brezelbrei rutscht dann durch die Speiseröhre in den Magen, wo die Muskeln der Magenwand alles unter Beimischung von Salzsäure durchkneten. Portionsweise gelangt der Mageninhalt in den Zwölffingerdarm.

23

Heimliche Dickmacher kommen oft harmlos daher. Oder hätten Sie gedacht, dass in Laugenbrezeln letztlich die »Todsünde« Zucker steckt? Alles eine Frage der Kohlenhydrate.

Enzym- und schleimhaltiger Darmsaft spaltet die Nährstoffe auf. Verdauungsenzyme aus der Bauchspeicheldrüse und Gallensaft zur Fettverdauung unterstützen den Prozess. Jetzt kommt eine sehr wichtige Passage: Im Dünndarm nimmt die Darmschleimhaut Kohlenhydrate, Eiweiße und Vitamine auf und gibt sie an das Blutgefäßnetz der Darmwand ab. Um die Fette kümmern sich die Lymphgefäße.

Eine Laugenbrezel wiegt ca. 90 Gramm und besteht aus Weizenmehl, Malz, Salz, Backhefe und Wasser. Sie wird vor dem Backen für wenige Sekunden in eine drei- bis fünfprozentige Natronlauge getaucht. Eine Butterbrezel liefert rund 260 Kalorien, 8,2 Gramm Eiweiß, 51,7 Gramm Kohlenhydrate und 2,2 Gramm Fett – und steht damit auf keinem Diätplan. Wie gemein ist das denn? Jedes Baby verzieht sein zahnloses

Mündchen zu einem seligen Lächeln, sobald es eine Laugenbrezel zwischen den Lippen hat, und für uns soll der Glücksbringer tabu sein? Aber welche Todsünde steckt denn da eigentlich drin? Zucker! Die im Dünndarm zerkleinerten Nährstoffe werden in kleinere Moleküle aufgespalten, damit sie die Darmwand passieren und in den Blutkreislauf wandern können. Dafür werden die Kohlenhydrate im Dünndarm in Glukose, sprich Traubenzucker, umgewandelt. Ein Gramm Kohlenhydrate liefert vier Kilokalorien, und das ist der begehrteste Energieträger des Stoffwechsels, ein Turbotreibstoff, von dem das Gehirn das meiste beansprucht.

Das Auf und Ab des Blutzuckerspiegels

Die Zellen können die aus Kohlenhydraten gewonnene Glukose nicht einfach aufnehmen. Dazu brauchen sie Insulin als Transporthilfe. Das Hormon wird von der Bauchspeicheldrüse ausgeschüttet, sobald genügend Glukose im Blut vorhanden ist, also der Blutzuckerspiegel steigt.

Insulin ist das einzige Hormon, das den Blutzucker normalisieren kann. Es sorgt dafür, dass die Glukose aus dem Blut in die Zellen gelangt. Muskel-, Leber- und Fettzellen besitzen Rezeptoren, an denen das Insulin andocken und den Transportweg für die Glukose öffnen kann. Nach etwa zwei Stunden ist der Blutzuckerspiegel üblicherweise wieder auf Normalniveau. Sinkt er weiter, unter 70 Milligramm pro 100 Milliliter, schlägt das Gehirn mittels Hungergefühlen Alarm. Fällt er noch weiter ab, weil wir den Hunger ignorieren und nichts essen, kommen wir in den Unterzucker, das Gegenteil von Zuckerüberschuss im Blut. Jeder hat das schon einmal erlebt, wenn bohrender Hunger uns fahrig, zittrig, nervös oder sogar aggressiv werden lässt und wir Kopfschmerzen bekommen. Das ist das Signal des Gehirns, dass es jetzt sehr dringend Zucker braucht. Menschen auf Diät sind oft eine Zumutung für ihre Mitmenschen. Kein Wunder: Sie leiden ja unter chronischem Unterzucker. Ausgehungert wie Unterzuckerte sind, erleben wir sie zickig, schlecht gelaunt

und ungeduldig. Sie geistern umher auf der Suche nach Nahrung und benehmen sich dabei derart unleidig, dass mancher Zeitgenosse mit dem Gedanken spielt, den umherstreifenden Problembären abzuschießen.

Low-Carb kann nicht funktionieren

Das Hormon Insulin reguliert also den Blutzuckerspiegel, transportiert den Traubenzucker in die Zellen, legt einen Tagesvorrat in der Leber sowie in den Muskeln an und speichert überschüssigen Traubenzucker als stille Reserve in den ungeliebten Fettdepots. Wann immer Sie sich ins Speckröllchen rund um Ihre Taille kneifen, denken Sie mit Nachsicht daran: Das ist Ihre stille Reserve für schlechte Zeiten, wenn Sie auf der Jagd nach Essbarem keinen Erfolg haben.

Zur Ehrenrettung von Insulin muss an dieser Stelle jedoch betont werden, dass wir ohne dieses Hormon verhungern würden, egal wie viel wir essen, weil die Energie ohne seine Hilfe nie in den Zellen ankäme. Das ist der positive Aspekt. Typ-1-Diabetiker, deren Bauchspeicheldrüse genetisch bedingt kein blutzuckersenkendes Insulin mehr produzieren kann, müssen es deshalb wohldosiert spritzen.

Der negative Aspekt von Insulin: Zirkuliert zu viel von dem Hormon zur falschen Zeit durch unseren Körper, sorgt es indirekt auch dafür, dass wir zunehmen. Denn Insulin hemmt den Fettabbau in den Muskeln und fördert die Fetteinlagerung im Fettgewebe. Und damit kämpfen die meisten, die an Übergewicht leiden: Ihre Insulinbalance ist aus dem Lot. Wer jetzt glaubt, dass er einfach alle Kohlenhydrate wie bei den Low-Carb-Diäten weglassen muss, um abzunehmen, täuscht sich. Das Gehirn wird, wie zuvor beschrieben, derartige Versuche mit aller Kraft torpedieren. Es braucht den Traubenzucker und wird mit Heißhungerattacken, Kopfschmerzen und Schwindelanfällen dafür

INFO

Ein normaler Blutzuckerspiegel liegt nüchtern bei etwa 60 Milligramm Glukose auf 100 Milliliter Blut. Eine Stunde nach dem Essen kann der Blutzuckerspiegel auf 140 Milligramm pro 100 Milliliter ansteigen. Da der Körper immer die Balance sucht, will er den erhöhten Blutzuckerspiegel wieder auf sein Normalniveau bringen. Denn zu viel Zucker im Blut ist gefährlich. Diabetiker kennen die Risiken nur zu gut.

Schlemmen und dabei abnehmen

sorgen, dass es die Energie auch bekommt. Während andere Körperzellen dazu in der Lage sind, sich auf Umwegen Energie zu verschaffen, ist das Gehirn auf die Zufuhr von Glukose angewiesen.

Obwohl das Gehirn nur zwei Prozent des gesamten Körpergewichts ausmacht, verbraucht es 50 Prozent des gesamten Glukosebedarfs: rund 140 Gramm Zucker pro Tag. Bei Stress schnellt der Bedarf auf bis zu 90 Prozent. Deshalb haben Menschen, die den ganzen Tag unter Stress stehen, häufig Heißhunger auf Kohlenhydrate. Der Körper will seine leeren Speicher rasch wieder auffüllen. Stress ist ein ziemlicher Dickmacher – warum, und was Sie dagegen unternehmen können, erfahren Sie im Kapitel »Schlankgeheimnis Entspannung« ab Seite 74/75.

Aber nicht nur berufliche oder private Anspannung, auch Diäten sind ein Stressfaktor. Wer radikal auf Kohlenhydrate verzichtet, legt sich ja mit seinem Gehirn an und zieht über kurz oder lang den Kürzeren. Die Diva in unserem Kopf schickt schlechte Stimmung und Heißhungerattacken, denen auf Dauer noch nicht einmal ein diäterprobter Betonkopf standhalten kann. Sonst müssten wir nur eine einzige Diät in unserem Leben machen, und alles wäre gut. Nein, das funktioniert nicht, weil Verzicht ungeheuren Stress für das Gehirn bedeutet. Um sein Überleben zu sichern, wird es alle Hebel in Bewegung setzten, um Zuckernachschub zu bekommen. Außerdem kann der Verzicht auf Kohlenhydrate ziemlich depressiv machen, weil sich der Hirnstoffwechsel verändert. Denn erst, wenn der Zucker aus den Kohlenhydraten dank Insulin in den Zellen landet, können sie Tryptophan leichter aufnehmen. Diese Aminosäure wird im Gehirn dann zu Serotonin umgebaut und sorgt für unser körperliches und geistiges Wohlgefühl.

Die raffinierte Computerzentrale in unserem Kopf kennt natürlich noch einige andere Möglichkeiten, eine Energiekrise für sich zu bewältigen, falls sie trotz aller Sabotageakte nicht an den gewünschten Nachschub gelangen kann. Während einer Fastenphase oder einer Hungersnot kann sich das Gehirn durchaus anpassen und den Zuckermangel kompensieren. Durch den niedrigen Blutzuckerspiegel wird weniger Insulin, aber mehr Glucagon und Adrenalin ausgeschüttet. Beide Hormone bewirken, dass mehr Fett aus dem Fettgewebe freigesetzt werden kann. Die Botenstoffe erleichtern den Muskelzellen auch die Aufnahme von Fettsäuren. Darüber hinaus fördern die Hormone die Glycogenolyse und setzen so die in der Leber gespeicherte Glukose frei. Diese Vorratskammer enthält jedoch nur einen Tagesvorrat. Mithilfe weiterer Stoffwechselprozesse wie der Gluconeogenese und Ketogenese sorgt das Gehirn dann in Notzeiten für seine Energieversorgung. Im Notprogramm produziert der Körper den Traubenzucker selbst. Dieser Prozess geschieht hauptsächlich in der Leber, die körpereigenes Eiweiß zu Traubenzucker umbaut.

INFO

Glukose ist nichts anderes als Traubenzucker, der aus Kohlenhydraten gewonnen wird. Und der glykämische Index (GLYX) ist nichts anderes als ein Maß, das angibt, wie leicht sich die Kohlenhydrate eines Nahrungsmittels in Glukose umwandeln lassen. Glyx-Diäten setzen beim Abnehmen auf die Unterscheidung zwischen »guten« und »schlechten« Kohlenhydraten. Aber wer kennt schon den jeweiligen Wert von jedem Lebensmittel und will vor jedem Bissen erst einen Glyx-Check machen?

Bei Diätalarm kennt unser Gehirn Mittel und Wege, um sein Überleben zu sichern und an Energienachschub zu kommen. Das Ergebnis sind schlechte Stimmung, Heißhungerattacken oder der gefürchtete Jo-Jo-Effekt.

Solche Einsparungsmechanismen haben aber ihren Preis: Für diese Vorgänge wird Muskelmasse abgebaut und der Grundumsatz gesenkt. Hier tritt der gefürchtete Jo-Jo-Effekt in Erscheinung, mit dem das Gehirn die Energiekrise bewältigt und der den Erfolg jeder Diät zunichte macht. Durch diese Mechanismen werden im Hungerzustand nur noch ca. 40 bis 50 Gramm statt 140 Gramm Glukose pro Tag benötigt. Unser Körper fährt quasi nur noch auf zwei statt vier Zylindern. So können wir wochenlange Hungerphasen überhaupt überleben. Damit ist aber auch jede Diät zum Scheitern verurteilt, die auf weniger Kalorien oder null Kohlenhydrate setzt. Nach der Diät schnellt das Gewicht sofort wieder in die Höhe und wird dann höher als vor der

Diät. Langfristig erfolgreich abnehmen funktioniert also nur, wenn der Jo-Jo-Effekt ausbleibt. Und das geht – mit dem GOURMET-PRINZIP!

Bodybuilder verbrennen mehr

Menschen, die behaupten, sie könnten essen, so viel sie wollten, ohne dabei auch nur ein Gramm zuzunehmen, sind entweder schamlose Lügner, haben eine Schilddrüsenüberfunktion oder sind die seltene Ausnahme von der Regel. Denn die sieht ja so aus: Wer zu viel, zu fett, zu süß isst, wird dick. Da beißt die Maus keinen Faden ab. Trotzdem gibt es welche, die scheinbar folgenlos essen können, was sie wollen, während andere nur vom Anschauen zunehmen. Ja, die Welt

27

ist ungerecht – auch beim Kalorienverbrauch. Der hängt individuell vom Grund- und Arbeitsumsatz ab. Die Kalorien, die Ihr Körper für alle organischen Funktionen benötigt, ergeben den Grundumsatz. Er macht ca. 70 Prozent des täglichen Kalorienverbrauchs aus und liegt bei Männern höher als bei Frauen. Noch so eine Ungerechtigkeit. Männer haben auch ohne tägliches Hanteltraining mehr Muskeln als wir, und die verbrennen mehr Kalorien. Aber eines trifft sie genauso wie uns Frauen: die Alterskeule. Denn unser Grundumsatz sinkt mit dem Älterwerden, weil Muskelmasse verloren geht. Der Grundumsatz wird bis zu einem gewissen Grad vererbt, kann aber trotzdem noch beeinflusst werden. Diese Chance sollten Sie nutzen!

Zum Grundumsatz addiert sich der Arbeitsumsatz. Der steigt mit der körperlichen Aktivität. Wie Sie Ihre Muskeln auf Vordermann bringen können, erfahren Sie ab Seite 64/65. Denn Fett verbrennt nur in einem einzigen Organ: im Muskel. Jede Muskelzelle arbeitet wie ein kleines Kraftwerk, das ständig Energie verbraucht, sogar im Ruhezustand und im Schlaf. Mehr Muskelmasse verbrennt mehr Energie. Deswegen brauchen Bodybuilder wie Arnold Schwarzenegger viel mehr Kalorien als »normale« Männer.

Muskeln, die nicht zum Einsatz kommen, verkümmern allmählich, und der Verbrauch sinkt. Deshalb verlieren Couch-Potatos schon ab 30 jedes Jahr ein Prozent Muskelmasse. Weniger Muskeln bedeuten weniger Kalorienverbrauch. Auch bei gleichbleibenden Essgewohnheiten steigt das Gewicht dann Jahr für Jahr kontinuierlich um mindestens ein Kilo. Das bekommt fast jeder jenseits der 40 zu spüren. Wir büßen mit dem Alter Muskelmasse ein, weil sich Muskelzellen allmählich in Fettgewebe umbauen. Deshalb wächst der Körperfettanteil mit zunehmendem Alter. Selbst wenn das Gewicht gleich bleibt, verändert sich so im Lauf

des Lebens die Körperzusammensetzung. Leistungssportler kämpfen ebenfalls mit diesem Phänomen, wenn sie ihre sportliche Karriere beenden und zu »normalen« Menschen werden. Aus ihrer trainingsreichen Zeit sind sie an einen hohen Kalorienbedarf und -verbrauch gewöhnt. Aber wenn sie sich dann aus dem Leistungssport verabschiedet haben, hadern auch Kati Witt, Boris Becker oder Oliver Kahn plötzlich mit den Pfunden. Sie müssen ihr Leben komplett umstellen und ihre Ernährung anpassen. Also trösten Sie sich: Von einem hohen Niveau herunterzugehen fällt selbst Titanen nicht leicht.

Um meinen Kalorienverbrauch hoch zu halten, bin ich früher »um mein Leben« gelaufen. Eine Stunde Joggen, am besten jeden Tag, alles für den Faktor 2 (siehe Infokasten unten). Der einzig messbare Erfolg dieses Trainings: Ich hatte echt stramme Waden, und der Kauf von Stiefeln scheiterte genau daran. Inzwischen laufe ich nur noch zwei-, dreimal die Woche, maximal 20 Minuten, habe mein stiefelloses Dasein beendet und zum Thema Waden inzwischen ein völlig entspanntes Verhältnis.

Mai 2015 / 2208 kcl.

28

Nach der Diät ist vor der Diät? Bei wiederholten Hungerkuren kommt es schnell zum Jo-Jo-Effekt. Das neue Endgewicht ist dabei oft höher als das Ausgangsgewicht.

Schluss mit dem Jo-Jo-Effekt

Der tägliche Energiebedarf an Kalorien variiert also je nach Typ, Geschlecht, Alter, Gewicht und Aktivität. Manche brauchen mehr Kalorien, andere weniger. Die Rechnung scheint simpel: Wer 2 500 Kalorien pro Tag braucht, aber 4 000 Kalorien isst, hat 1 500 Kalorien Überschuss und wird dick. Und wer bisher 3 000 Kalorien pro Tag verdrückt hat und nun auf 1 000 heruntergeht, spart 2 000 Kalorien täglich und nimmt ab. Das funktioniert, aber nach kurzer Zeit passt sich der Körper aus purem Überlebensinstinkt der neuen Situation an. In einer Hungerphase oder während einer Diät schaltet er auf Sparflamme und senkt selbstständig seinen Kalorienverbrauch, um so unser Überleben zu sichern.

Dieser äußerst intelligente Mechanismus wird aber für alle, die eine Diät machen, letztlich zum Verhängnis. Denn damit sitzen sie in der Jo-Jo-Falle – dem größten Albtraum aller, die abnehmen wollen.

Bekommt der Körper aufgrund einer Diät plötzlich weniger Kalorien, geht er an die Reserven. Leider sind das nicht gleich die Fettdepots, die wir eigentlich loswerden wollen, sondern zuerst die Zuckerdepots in der Leber, dann in den Muskeln. Außerdem reduzieren wir dabei Wassereinlagerungen. Der Körper greift dann auf das Körpereiweiß zurück und baut dadurch Muskelmasse ab. Allmählich sinkt so der Grundumsatz, und der Stoffwechsel wird verlangsamt. So wechselt der Körper in eine Art Winterschlafmodus. Damit sinkt unser Grundumsatz, also die Energiemenge, die wir täglich verbrauchen. Jetzt hilft nur eins: Wir müssen unsere Ernährung anpassen.

Der Jo-Jo-Effekt ist also nur eine Reaktion des Gehirns, das das Risiko für eine neue Hungerphase in der Zukunft als hoch einschätzt. Deshalb reagiert der Körper nach einer Diät als guter Futterverwerter und sammelt gierig alle Energie, die er bekommen kann. Jede Kalorie schlägt nun doppelt an. Und in kurzer Zeit haben wir dann nicht nur unser ursprüngliches Gewicht wieder erreicht. Selbst wenn wir jetzt zurückhaltend essen, nehmen wir zu – die abgebaute Muskelmasse kommt uns teuer zu stehen. Um diesem Mechanismus zu entgehen, setzt das GOURMET-PRINZIP auf eine andere Ernährung. Denn niemand will mühsam die überflüssigen Pfunde herunterhungern, um dann wieder zuzunehmen. Der Erfolg soll ja von Dauer sein!

29

Phase 1:
Die Protein-Phase 1 Abendessen

Das Gehirn braucht Energie, aber nicht die gleiche Menge auf 24 Stunden verteilt. Der Bedarf ist am Morgen sehr hoch und sinkt im Lauf eines Tages – außer Sie arbeiten im Schichtdienst. Das GOURMET-PRINZIP nutzt jedoch den »normalen« Energierhythmus. Steigen Sie nun ein mit Phase 1.

Beim **GOURMET-PRINZIP** bekommt Ihr Gehirn tagsüber ausreichend Zucker, sodass es perfekt arbeiten kann und keine Heißhungerattacken senden muss. Abends jedoch, wenn der Supercomputer allmählich in den Stand-by-Modus herunterschaltet, reagieren Sie entsprechend intelligent und ändern das Abendessen. Das ist Phase 1, die Protein-Phase. Die vielleicht größte Umstellung Ihrer bisherigen Ernährungsgewohnheiten findet also in den ersten zehn Tagen statt. Denn zu Beginn einer »Diät« ist jeder hochmotiviert und schafft es relativ leicht, sich an Regeln zu halten.

Die Protein-Phase ist der entscheidende Schritt in ein genussvolles Abnehmen. Der Schlankeffekt einer eiweiß-betonten Ernährung am Abend stellt sich derart schnell ein, dass jeder schon am nächsten Morgen beim Wiegen feststellen kann, dass er abgenommen hat. Und das wiederum beflügelt. Die Protein-Phase dauert mindestens zehn Tage und kann unbegrenzt verlängert werden, wenn Sie sich gut damit fühlen. Geben Sie sich aber auf jeden Fall die ersten zehn Tage Zeit, um sich an die neue Ernährungsweise zu gewöhnen, bevor Sie die nächste Phase einläuten.

Im nächsten Abschnitt finden Sie Informationen über Lebensmittel, die Ihnen hochwertiges Eiweiß liefern. Denn auch wenn Sie jetzt auf Ihre vielleicht heißgeliebten Sättigungsbeilagen verzichten, sollen Sie gut essen und satt

werden. Die angegebenen Mengen dienen nur als Richtwert. Wenn Sie größere Portionen gewohnt sind, essen Sie mehr! Ziel ist nicht, die Portionen zu verkleinern, bis Sie eine Lupe brauchen, um das Erbschen und den halben Champignon mit der Gabel aufspießen zu können. Das kommt von ganz allein, weil sich Ihr Körper nach und nach von selbst auf kleinere Portionen einstellen wird. Ihr neues Motto soll lauten: »Speck lass nach«. Und dafür lassen Sie abends nur die »bösen, bösen« Kalorien in Form von Kohlenhydraten weg und schnabulieren wunderbare Proteine.

Warum Eiweiß abends schlank macht

Wie Sie nun bereits wissen – aber eine mantraähnliche Wiederholung zur Erinnerung kann nicht schaden – lassen Kohlenhydrate den Blutzuckerspiegel ansteigen und locken so das Hormon Insulin, während Eiweiß kaum Einfluss auf den Insulinspiegel hat. Darauf zielt das **GOURMET-PRINZIP** ab. Durch den niedrigeren Insulinspiegel gelingt die Fettverbrennung im Schlaf. Bei diesem Satz sollten Ihnen die Ohren klingeln. Es klingt zu schön, um wahr zu sein, ist aber eine Tatsache: Das Abnehmen geschieht während der Nacht. Während Sie von dem hautengen Minikleid träumen, das sich sanft über Ihre schlanken Kurven schmiegen wird, modelliert Ihr Körper bereits die Silhouette dafür. Denn nicht nur durch Sport, sondern auch im Schlaf kann die Fettverbrennung angekurbelt werden. Wer abends auf Kohlenhydrate verzichtet, bremst damit die Insulinausschüttung und kurbelt den Fettabbau dramatisch an. Nur wenn der Insulin- und Blutzuckerspiegel sich abends auf einem normal niedrigen Niveau befinden, kann der Körper während der Nacht mit der Fettverbrennung beginnen. Zusätzlich kommt es so auch zu einer geringeren Fetteinlagerung. Diese gut getaktete Insulinreaktion fördert also das Abnehmen.

Warum Eiweiß abends satt macht

Proteine sind Moleküle, die wie eine Perlenkette aus kleineren Molekülen, den Aminosäuren, bestehen. Diese differenzierte Struktur bestimmt nicht nur die kulinarischen Eigenschaften von Eiweiß. Für den menschlichen Körper ist die Energiegewinnung aus Nahrungseiweiß deshalb auch aufwendiger als aus Kohlenhydraten oder Fetten. Denn Kalorien liefern nicht nur Energie, bei ihrer Verarbeitung kosten sie auch Energie. Auch deshalb macht es einen gewaltigen Unterschied, ob und zu welcher Tageszeit wir 100 Kalorien Fett, Zucker oder Eiweiß essen. Die »Spezifisch Dynamische Wirkung« (SDW) beschreibt die durch die Verarbeitung von Kohlenhydraten, Fetten und Proteinen entstehende Stoffwechselsteigerung oder den daraus resultierenden Energieverlust. Und der ist bei der Verdauung von Eiweißen ziemlich hoch. Bei Proteinen beträgt er bis zu 30 Prozent des Brennwertes, bei Kohlenhydraten nur

Zu schön, um wahr zu sein? Wer abends auf Eiweiß pur setzt, nimmt im Schlaf ab.

ca. sechs Prozent und bei Fetten ca. drei Prozent. Der Energieverbrauch ist also bei einer eiweißbetonten Ernährung höher. Um 100 Kalorien aus reinem Eiweiß zu verarbeiten, verbraucht der Körper bis zu 30 Kalorien bei der Verdauung. Damit schlagen eigentlich nur 70 Kalorien zu Buche. Das spricht gegen einen Teller Pasta am Abend und für ein Steak, gebraten, gegrillt oder als Tatar.

Warum Eiweiß abends glücklich macht

Von Botenstoffen wie Dopamin oder Serotonin hängt es ab, ob wir glücklich oder traurig, entspannt oder genervt, gelassen oder aggressiv sind. Diese »Glückshormone« stellt unser Körper selbst her, aber er benötigt dafür einen Auslöser. Sie ahnen es: Eiweiß! Essen wir eine Hühnerbrust oder ein Kabeljaufilet, versorgen wir unseren Körper mit bestem Eiweiß. Während der Verdauung wird das Eiweiß in die kleineren Aminosäuren aufgespalten. Diese wandern

INFO

Durch die längere Verdauungszeit von Eiweiß im Magen fühlen wir uns schneller und länger satt. Außerdem regt Eiweiß den Körper dazu an, mehr Sättigungshormone freizusetzen.

31

dann vom Dünndarm aus ins Blut und von dort weiter an ihren Bestimmungsort. Aus dem Eiweiß werden u. a. die beiden Aminosäuren Tyrosin und Tryptophan gewonnen, woraus der Körper die beiden Glückshormone Dopamin und Serotonin herstellt.

Dopamin können wir uns als Einpeitscher und Antreiber vorstellen. Erleben oder unternehmen wir aufregende Dinge, steigt der Dopaminspiegel im Blut. Ein hoher Dopaminwert löst Wohlgefühl aus, ein niedriger bewirkt depressive Verstimmung. Damit Dopamin jedoch überhaupt erst ausgeschüttet werden kann, braucht der Körper die Aminosäure Tyrosin, woraus das Hormon hergestellt wird. Ähnlich wie Dopamin stimuliert Serotonin unser Gefühls-leben positiv; doch während uns Dopamin zu »höher, schneller, weiter« antreibt, entspannt und beruhigt uns Serotonin. Eine hohe Hormondosis davon färbt unseren Blick rosarot: Unter diesem Einfluss sehen wir das zur Hälfte gefüllte Wasserglas als halb voll und nicht als halb leer. Bei einem niedrigen Hormonspiegel sinkt unsere optimistische Stimmung. Und obwohl es uns in diesem Zustand sonder-barerweise als Erstes nach Kohlenhydraten gelüstet, braucht der Körper nicht sie, um Serotonin herzustellen, sondern die Aminosäure Tryptophan. Statt schneller Kohlenhydraten wie Gummibärchen wäre eine Eiweißbombe wie Walnüsse jetzt die bessere Wahl.

Warum Eiweiß abends gesund ist

Ohne Eiweiß würden wir ziemlich alt aussehen, denn Proteine sind Grundbausteine für unsere Zellen. Der Name leitet sich aus dem griechischen »Proteos« ab und bedeutet »das Erste« oder »das Wichtigste«. Der Körper braucht Proteine, um Muskeln und Sehnen aufzubauen und zu erhalten, Zellen zu reparieren, Hormone zu bilden. Proteine sorgen dafür, dass die Haut elastisch bleibt und dass Haare und Nägel wachsen. Der rote Blutfarbstoff Hämoglobin ist ein Transportprotein und schafft Sauerstoff von der Lunge zu den Organen. Auch im Immunsystem spielen Proteine eine äußerst wichtige Rolle: Als Antikörper wehren sie unerwünschte Eindringlinge ab.

Eiweiß ist also der Baustein für Muskeln und Organe. Muskeln bestehen zu 72 Prozent aus Wasser und zu 22 Prozent aus Protein. Wer abends auf eine eiweißreiche Kost setzt, fördert damit alle Regenerations- und Reparatur-prozesse, die während der Nacht stattfinden. Das gelingt dem Körper nur, wenn er die dafür notwendigen Wachs-tumshormone freisetzen kann. Die dafür notwendige Energie holt er sich aus dem Fett, das im Fettgewebe geparkt ist. Eine nächtliche Fettverbrennung fördert also die Anti-Aging- und Reparaturprozesse des Körpers.

Warum nur Eiweiß ungesund ist

Bei all den Vorteilen läge der einfache Schluss nahe, bei der Ernährung ausschließlich auf Eiweiß zu setzen. Es gibt leider durchaus einige Diäten, die das propagieren. Es leuchtet aber jedem ein, dass eine solch einseitige Ernährung nicht sinnvoll sein kann. Eine gesunde und schmackhafte Ernäh-rung braucht alle Bestandteile. Außerdem wird das Gehirn gegen diese einseitige Mangelernährung ebenfalls rebellie-ren. Darüber hinaus wirkt sich ein Mangel an Kohlenhydra-ten negativ auf die Stimmung aus. Fehlende Kohlenhydrate machen auf Dauer depressiv.

Eine Ernährung, die für lange Zeit ausschließlich auf Eiweiß setzt, schadet also der Gesundheit. Hier fehlen nicht nur Vitamine, Mineralien und Ballaststoffe – zu viel Eiweiß übersäuert den Körper und belastet dann die Nieren. Der Körper baut die Aminosäuren von Proteinen zu Harnstoff ab, der über die Nieren ausgeschieden wird. Bei einem

Eiweißüberschuss wären die Nieren auf Dauer damit überfordert, das Abbauprodukt aus dem Blut zu filtern und mit dem Urin abzutransportieren. Nur bei einer ausgewogenen Ernährung, die gleichzeitig auf Ballaststoffe setzt, verbessert sich die Insulinempfindlichkeit, und der negative Eiweißeffekt verschwindet. Beim GOURMET-PRINZIP gibt es keine einseitige Ernährung, sodass diese Risiken erst gar nicht auftreten können.

Die perfekten Eiweißlieferanten

Die Vielfalt von Lebensmitteln, die Eiweiß pur liefern, ist wunderbar groß. Geflügel, Fisch und Meeresfrüchte, Fleisch und Sojaprodukte wie Tofu zählen genauso dazu wie Pilze, Eier, Nüsse und Hülsenfrüchte. Es gibt auch Getreidearten, die viel Eiweiß enthalten, wie etwa Dinkel oder Amarant. Aber sie liefern auch Kohlenhydrate, deswegen sind sie in dieser ersten Phase des GOURMET-PRINZIPS noch tabu.

Geflügel

Ich liebe Geflügel in jeder Form. Wenn mein Mann mich nach meinen Essenswünschen fragt und ich wieder »Huhn!« krähe, rollt er schon die Augen. Aber er ist ein Meister im Erfinden von Variationen – was meinen Appetit darauf noch gesteigert hat. Ich kann einfach nicht genug davon bekommen. Und deswegen finden Sie in diesem Buch auch so viele Rezepte mit Geflügel.

Wenn es um **Hühnchen & Co.** geht, soll das Fleisch frisch, zart, saftig und aromatisch schmecken – das ist Genuss, der beflügelt. Langeweile beim Federvieh gibt es garantiert nicht: Ob Huhn, Pute, Truthahn, Gans, Ente, Taube, Strauß, Fasan, Rebhuhn, Perlhuhn oder Wachtel, all das sollten Sie regelmäßig schlemmen. Denn Geflügel ist eine hervorragende Eiweißquelle, weil die meisten Vertreter sehr wenig Fett haben und leicht verdaulich sind – Gans und Ente mal

ausgenommen. Aber auch gegen diese beiden Varianten spricht nichts, da kein Mensch täglich das Gleiche isst. Am beliebtesten ist das Huhn oder Hähnchen. Ob gegrillt, geschmort, gebraten oder gebacken – es gibt Hunderte von verschiedenen Zubereitungsarten für den Klassiker, die perfekt zum GOURMET-PRINZIP passen. Und die Haut darf dran bleiben! Einen besonderen Leckerbissen stellt das Bressehuhn dar. Das weiße Huhn aus der französischen Region Bresse bekommt sein besonderes Aroma durch eine spezielle Fütterung und Milchmast. Das hat natürlich seinen Preis. Seit einigen Jahren ist auch Strauß bei uns zu haben. Das dunkle Fleisch des großen Laufvogels ist fettarm, schmackhaft und erinnert im Geschmack an Rind. Auch eine Alternative.

Gourmets lieben **Wildvögel**, weil sie frisch geschossen eine besondere Delikatesse darstellen. Wildenten sind fettärmer und weniger fleischig als Hausenten. Graugänse

GOURMET-TIPP

Der Open-Air-Trick: Im offenen Ofen wird ein ganzes Huhn beim Braten nicht trocken, wenn man diesen Profitrick beachtet. Das Huhn wird in der Pfanne nur kurz auf jeder Seite angebraten, dann ruht es auf einem Rost im Ofen bei 170 Grad ca. 40 Minuten. Die Tür bleibt dabei einen Spaltbreit geöffnet. Danach brät das Huhn bei geschlossener Tür noch für ca. 2 Minuten. So bleibt das Fleisch zart, saftig und rosa. Vor dem Servieren ruht das Huhn und kann noch mit heißer Butter beträufelt werden. Das sammelt den Saft im Geflügel. Verwendet man nur das Brustfilet, verkürzt sich die Garzeit entsprechend.

Neben Geflügel, Fisch, Hülsenfrüchten und Sojaprodukten ist Fleisch ein perfekter Eiweißlieferant. Entscheidend ist auch hier höchste Qualität mit Blick auf eine artgerechte Haltung sowie Schlachtung.

sind Zugvögel und werden vor allem in Nordeuropa geschossen. Rebhühner haben ein äußerst zartes, fettarmes und wohlschmeckendes Fleisch. Wildtauben wie etwa die Ringeltaube haben im Vergleich zu Zuchttauben ein deutlich dunkleres Fleisch mit einem leichten Wildgeschmack. Fasan ist das bekannteste Wildgeflügel und wird während der Jagdsaison von Oktober bis Januar am häufigsten angeboten. Das helle Fleisch ist sehr mager. Wachteln zählen zu den kleinsten Hühnervögeln und werden deshalb im Ganzen zubereitet. Ihr Fleisch ist zart und aromatisch. Trauen Sie sich und wagen Sie sich auch zu Hause an die nahen Verwandten des Klassikers ran.

Fleisch

Auch wenn es von Ernährungsberatern und Tierschützern oft verteufelt wird, lieben wir Fleisch und essen im Schnitt 60 Kilo pro Kopf pro Jahr. Männer essen es in der Regel noch lieber als Frauen, weil wir gelernt haben, Fleisch sei ungesund und ein Dickmacher. Mein Rat: Werfen Sie diese Vorurteile schleunigst über Bord. Nichts gegen Vegetarier, solange sie die Moralkeule nicht auspacken. Als Eiweißlieferant ist Fleisch neben Geflügel und Fisch einfach perfekt, und es besteht überhaupt kein Grund, darauf zu verzichten. Entscheidend ist die Qualität, und die hängt von Haltung und Schlachtung ab.

Kalbfleisch ist zart, weil bei jungen Tieren die Muskeln noch nicht vollständig ausgebildet sind und das Bindegewebe noch weich ist. Es hat einen geringen Fettanteil: nur knapp sieben Gramm bei 100 Gramm Fleisch. Es liefert damit hochwertiges Eiweiß und ist leicht verdaulich. Der Fett- und Kaloriengehalt von Rindfleisch hängt davon ab, welches

Teilstück des Tieres verwendet wird. 100 Gramm Rinderfilet haben nur 3,9 Gramm Fett, der Tafelspitz liefert 12,3 Gramm Fett. Für die Fleischqualität sind Rasse, Alter, Gewicht, Art der Tierhaltung und Reifegrad entscheidend. Es muss nach der Schlachtung im Kühlhaus abhängen, je länger, desto besser. Das zeichnet amerikanisches Fleisch aus. Es reift monatelang am Knochen und wird trocken abgehangen. Dry Aged Beef liefert das Fleisch fürs perfekte Steak. Aber auch Delikatessen wie Wagyu Kobe Beef oder Fleisch vom Charolaisrind wissen Feinschmecker zu schätzen.

Genauso wie **Lammfleisch** mit seinem milden, würzigen Geschmack. Je älter die Tiere, desto intensiver ist der Geschmack. Mastlämmer werden zwischen dem vierten und zwölften Monat geschlachtet, Milchlämmer im Alter von drei bis vier Monaten. Deswegen ist ihr Fleisch besonders zart und mild. Lammfleisch hat einen niedrigen Fettgehalt. Eher selten gibt es in Deutschland Ziege, aber für Gourmets ist es ein echter Leckerbissen. Schaf oder Hammel gibt es bei uns fast gar nicht, weil die Tiere erst im Alter von einem Jahr geschlachtet werden und ihr Fleisch einen sehr intensiven Eigengeschmack hat, der nicht jedermanns Sache ist.

Der Ruf von **Schweinefleisch** war lange ruiniert. Schuld daran war vor allem die Massenschweinehaltung in Turbomast. Das Fleisch schrumpfte in der Pfanne wegen seines hohen Wassergehalts. Dabei kann gutes Schweinefleisch von glücklichem Borstenvieh eine wohlschmeckende Delikatesse sein. Was ein Gourmetschwein ausmacht, hat beispielsweise Karl Ludwig Schweisfurth mit seiner Firma Herrmannsdorfer im bayerischen Glonn gezeigt. Dort praktiziert inzwischen sein Sohn eine artgerechte und ökologische Tierhaltung, die viele Nachahmer gefunden hat. Ob Schwein, Spanferkel oder Wildschwein – sie passen perfekt in das GOURMET-PRINZIP. Eine

besondere Delikatesse ist das spanische Iberico-Schwein. Die reinrassigen Tiere leben in einer Landschaft, die von Kork und Steineichen geprägt ist, und verbringen dort das ganze Jahr im Freien. Ein Drittel ihrer Nahrung besteht aus Eicheln, die dem Fleisch ein nussiges Aroma verleihen. Achten Sie auch beim Kauf von Schweinefleisch auf beste Qualität. Das Fleisch sollte fest sein und eine hellrote Farbe haben. Damit es zart und saftig ist, sollte es marmoriert, also von feinen Fettadern durchzogen sein.

In Frankreich gilt **Pferdefleisch** als Delikatesse, bei uns ist es verpönt. Das wäre ja so, als würden wir Hundefleisch essen – in China übrigens völlig normal, bei uns undenkbar. In Deutschland essen nur wenige freiwillig Pferdefleisch, obwohl es schmackhaft und magerer als Rindfleisch ist und viele Mineralstoffe enthält. Es ist definitiv gesund, aber wir ekeln uns davor. Im Februar 2013 kam ein Etikettenschwindel ans Licht: In einer Tiefkühl-Lasagne war nicht Rindfleisch enthalten, wie auf der Verpackung angegeben, sondern Pferdefleisch. Nach und nach tauchten weitere Fertigprodukte auf, die heimlich mit Pferdefleisch aus Rumänien versetzt worden waren. Ganz offensichtlich hatten die Lebensmittelkontrollen in Europa nicht funktioniert, wie sonst sollte dieser Fleischskandal zu erklären sein. Gourmets tappen erst gar nicht in diese Falle, denn sie kaufen keine Fertigprodukte. Wer beim Metzger seines Vertrauens ein Stück Fleisch kauft und es dann selbst zubereitet, weiß wirklich, was bei ihm auf dem Teller landet.

Fisch

Fisch ist eine Delikatesse, die perfekt zur schlanken Linie passt und gesund ist. Fisch ist eiweißreich, leicht und bekömmlich, enthält viele Vitamine, die Spurenelemente Jod und Selen sowie mehrfach ungesättigte Omega-3-Fettsäuren. Der Fettgehalt variiert, aber beim GOURMET-PRINZIP sind alle

TIPP

Sie stehen vor der Auslage und fragen sich, ob der Fisch frisch ist? Achten Sie darauf, dass die Fischaugen klar und glänzend sind, die Schuppen fest anliegen und glatt sind, die Kiemen glänzen und eine hell- oder dunkelrote Farbe haben. Das Fischfleisch muss fest und elastisch sein und darf keinen unangenehmen Fischgeruch haben. Sind die Fischaugen nicht mehr leicht nach außen gewölbt, die einzelnen Kiemenblättchen nicht klar zu erkennen und hinterlässt ein Druck mit dem Finger eine Delle im Fisch, dann lassen Sie ihn links liegen.

Fische, auch die fetten Kaliber, erlaubt. Besonders fettarm sind jedoch u. a. Forelle, Kabeljau, Scholle, Seehecht, Seelachs, Seezunge und Steinbutt. Zu den fettreichen Vertretern zählen z. B. Aal, Hering, Lachs, Makrele, Matjes oder Thunfisch.

Meeresfrüchte

Muscheln, Krabben, Garnelen, Gambas, Langusten, Hummer, Shrimps oder Kalmar – Meeresfrüchte werden in drei Gruppen eingeteilt: Muscheln, Krustentiere mit harter Schale und Weichtiere ohne Schale wie die Tintenfische. Allen gemein ist, dass sie kalorien- sowie fettarm und leicht verdaulich sind, dazu viel Eiweiß, Mineralstoffe, Spurenelemente wie Zink oder Selen sowie Omega-3-Fettsäuren enthalten und damit ein wunderbarer Bestandteil des GOURMET-PRINZIPS sind.

Hülsenfrüchte

Viele ahnen es gar nicht, aber Hülsenfrüchte wie Bohnen, Erbsen, Linsen oder Kichererbsen sind echte Eiweißbomben und eine gesunde Alternative zu tierischen Eiweiß-

lieferanten. Denn es lohnt sich, hin und wieder mal auf Fleisch & Co. zu verzichten und vegetarisch zu schlemmen. Hülsenfrüchte enthalten zwei- bis dreimal so viel pflanzliches Eiweiß wie die meisten Getreidesorten. Für Vegetarier sind sie DIE Eiweißquelle. Hülsenfrüchte enthalten neben Proteinen auch Fett, Stärke, Eisen, verschiedene Vitamine und Spurenelemente. Nicht jeder verträgt sie, aber probieren Sie, was Ihnen schmeckt und welche Sie gut verdauen können. Es wäre schade, auf sie zu verzichten.

Bei **Bohnen** gibt es über 100 verschiedene Varianten. Sie sind eine perfekte Beilage zu Geflügel, Fisch oder Fleisch. Roh dürfen sie allerdings nie verzehrt werden, weil sie ungekocht giftig sind. **Erbsen** gibt es gekocht im Glas, tiefgefroren oder frisch. **Kichererbsen** werden häufig in arabischen Ländern gegessen. Bei uns hat sich allmählich das Kichererbsenpüree namens Hummus durchgesetzt. Kichererbsen gibt es bereits gekocht in der Dose oder im Glas. Frische Kichererbsen müssen mindestens zwölf Stunden eingeweicht und danach noch weich gekocht werden. **Linsen**, lange vergessen, sind inzwischen auch in der Sterneküche wieder eine beliebte Beilage. Bei uns sind besonders Tellerlinsen, Berglinsen, Rote Linsen, Gelbe Linsen und natürlich Belugalinsen (schwarz) bekannt. Übrigens: Auch die **Erdnuss** zählt zu den Hülsenfrüchten.

Pilze

Aufgrund ihres hohen Eiweißgehalts sind sie eine wunderbare Alternative zu tierischem Protein oder eine gute Beilage. Kulturspeisepilze enthalten im Schnitt 3,3 Gramm Eiweiß pro 100 Gramm. Sie sind kalorienarm, haben fast kein Fett und null Cholesterin, liefern aber viele Vitamine und Mineralstoffe. Pilze sind außerdem reich an Ballaststoffen, deswegen machen sie ziemlich satt. Klassiker sind **Zuchtpilze** wie Champignons, Austern- oder Shiitakepilze. Zu den bekannten **Waldpilzen** zählen Pfifferlinge: Sie haben Saison vom Sommer bis zum Spätherbst. Steinpilze gibt es frisch von Juli bis Oktober. Übrigens sind die bei Gourmets so beliebten **Trüffel** und **Morcheln** ebenfalls Pilze.

Eier

Als Journalistin schreibe ich beruflich über Fitness, Ernährung, Gesundheit und Wellness. Für die Recherche lese ich viel und interviewe Fachleute. Dabei habe ich gelernt: Was gestern noch galt, hat heute schon keine Bedeutung mehr. Wenn eine Studie gerade noch den Genuss von Eiern verteufelte, können Sie sicher sein, dass eine andere Studie bald genau das Gegenteil behauptet. Fast 20 Jahre galt das Ei als Cholesterinbombe. Wer seinem Herzen schaden und möglichst bald ins Gras beißen wollte, so die frühere

These, der sollte nur regelmäßig Eier essen. Inzwischen gibt es eine wissenschaftliche US-Studie mit 100 000 Teilnehmern, die diese Behauptung eindeutig als falsch entlarvt. Heute sagen Gesundheitsexperten: Wer sich ausgewogen ernährt, dem schadet ein tägliches Ei überhaupt nicht. Im Gegenteil. Aber wie war das Ei eigentlich unter Verdacht geraten?

Ein Hühnerei hat 64 Kalorien und besteht aus Eiweiß, Fett, Spuren von Kohlenhydraten, null Ballaststoffen, aber 239 Milligramm Cholesterin – eine freie Fettsäure, die im Blut vorkommt. Erhöhte Blutfettwerte, sprich ein hoher Cholesterinwert, sind gesundheitlich bedenklich. Allein auf dem Cholesterinwert basierte die Anklage gegen das Ei: Schon ein Eigelb enthalte zwei Drittel der Cholesterinmenge, die Ernährungsberater als tägliche Maximaldosis empfehlen. Übersehen wurde dabei, dass der Cholesteringehalt der Nahrung nur einen geringen Einfluss auf den Cholesterinspiegel im Blut hat – und dazu jeder anders darauf reagiert. Übersehen wurde von den Anklägern auch, dass Eier viele andere gesunde Bestandteile haben. In der US-Studie kam heraus, dass z. B. das im Ei enthaltene Lecithin die Aufnahme von Cholesterin im Darm sogar absenkt. Fazit: Nichts spricht gegen ein Ei pro Tag, vieles sogar dafür.

Mit acht Gramm Proteinen sind Eier eine schnelle, hochwertige Eiweißquelle. Der Körper kann das Eiweiß besonders gut verwerten. Es wird zu fast 100 Prozent in Körpereiweiß verwandelt. Das Eiweiß aus Hülsenfrüchten verwandelt der Körper nur zu 40 bis 50 Prozent.

Soja

Asiaten verwenden seit jeher Sojaprodukte wie Tofu, Sojajoghurt, Sojamilch, Miso oder Sojasauce. Wegen seiner vielen positiven Aspekte setzt sich Soja auch bei uns immer

INFO

Kaufen Sie nur Eier, die mit der Ziffer 0 für ökologische Erzeugung stehen. Dann essen Sie Eier von glücklichen Hühnern! Die Ziffer 1 steht für Freiland-, 2 für Boden- und 3 für Käfighaltung. Hühnereier haben eine Mindesthaltbarkeit von 28 Tagen ab dem Legedatum. Eier, die älter als eine Woche sind, sollten nicht mehr roh verwendet, sondern gekocht oder verbacken werden. Die natürliche Immunkraft der Eier hält in den ersten Tagen Krankheitserreger und Keime in Schach, auch ohne Kühlung. Aber mit jedem Tag lässt dieses Abwehrsystem nach. Und schon nach dem Legen verändert sich das Ei, es altert: Der pH-Wert im Eiklar steigt an, die Luftkammer wächst, die Dotterhaut wird spröde, das Ei entwickelt den typischen Altgeschmack. Nur Kälte verzögert diesen Prozess. Deswegen sollten Sie Eier kühl lagern.

mehr durch. Soja liefert hochwertiges Eiweiß, das beim Abnehmen hilft und auch vor Krebs, Herzinfarkt und Schlaganfall schützt, Blutfette senkt, die Kollagenfasern strafft und so Falten glättet, Wechseljahre verzögert und die Symptome lindert, Knochen festigt und so vor Osteoporose schützt. Seine Inhaltsstoffe helfen außerdem dabei, Insulin zu senken.

Durch das Sojaprotein wird der Schilddrüsenhormonspiegel angehoben, was sich positiv auf eine Körpergewichtsreduktion auswirken soll. Außerdem wird angenommen, dass das Sojaprotein eine Erhöhung des Thyroxinspiegels und dieser wiederum eine Absenkung des Cholesterinspiegels bewirkt. Die im Sojaprotein enthaltenen Phytoöstrogene sollen für eine Reduktion fetteinlagernder Prozesse zuständig sein, da sie beim Menschen antiöstrogene Effekte auslösen, die zu einem Abbau von Fettgewebe und Aufbau von Muskelgewebe führen. Wer wie ich an einer Histaminunverträglichkeit leidet, verträgt fermentierte Produkte nicht immer. Sollten Gelenkschmerzen auftreten, lassen Sie Sojaprodukte besser weg. Aus diesem Grund finden Sie in diesem Buch keine Rezepte mit Soja.

Nüsse

Trotz ihres hohen Fettgehalts sind Nüsse ein idealer Snack gegen den kleinen Hunger. Nüsse haben eine sättigende Wirkung, liefern wertvolle ungesättigte Fettsäuren, hochwertiges Eiweiß und mit den B-Vitaminen gesunde Nervennahrung. Nicht alles, was wir Nüsse nennen, zählt im botanischen Sinne wirklich zu den Nüssen. So ist z. B. die Erdnuss bei den Hülsenfrüchten angesiedelt. Aber diese Feinheit soll hier keine Rolle spielen.

Was Nüsse betrifft, haben Sie ein riesige Auswahl: Haselnuss, Mandel, Cashewnuss, Kastanie, Walnuss, Pistazie, Macadamianuss, Paranuss etc. Wichtig: Kaufen Sie Nüsse pur, ohne jegliche Zusätze! Auch besser sind ungeschälte Nüsse, weil das Schälen verhindert, dass Sie die Nüsse schnell hinunterschlingen. Nüsse sind die kulinarische Rettung für abendliche Couch-Gelüste. Vor dem Fernseher zu sitzen und den fröhlichen Dünnen dabei zuzusehen, wie sie in Werbespots hemmungslos Chips, Süßigkeiten und andere Figurfeinde naschen, macht oft Lust, es ihnen nachzutun. Lassen Sie sich nicht von Werbebotschaften wie »mit viel gesunder Milch« oder »ohne Schokolade« täuschen. Essen Sie einfach ein paar Nüsse, wenn die Gelüste kommen.

Zwei sanfte Garmethoden

Warum kochen wir überhaupt? Bei allen gesunden Aspekten der Rohkost wie beispielsweise dem Vitaminerhalt gibt es ein entscheidendes Argument fürs Kochen: Lebensmittel werden dadurch leichter verdaulich. Bei Fleisch und Fisch wird durch Erhitzen das Eiweiß denaturiert. Das Muskelgewebe zieht sich zusammen und drückt die Flüssigkeit heraus. Bei zu viel Hitze wird dadurch aber das hochwertige Eiweiß zerstört und durch den Flüssigkeitsverlust zu trocken. Gekochtes Gemüse wird durch Erhitzen ebenfalls leichter verdaulich, weil die Kohlenhydrate aufgespalten werden. Aber auch hier gilt: Bei zu großer Hitze wird das Zellgerüst zerstört und das Gemüse matschig. Je höher die Temperatur, umso mehr kommen die unerwünschten Effekte hinzu. Deswegen spielen Temperatur und Kochdauer eine entscheidende Rolle.

Das Sous-vide-Garverfahren

Im Vakuum kochen ist eine besonders schonende Variante. Beim sogenannten Sous-vide-Garverfahren wird Fleisch oder Fisch in einen Vakuumbeutel eingeschweißt und dann zum Garen ins Wasserbad gelegt. So werden die Lebensmittel schonend erhitzt. Alle Aromen bleiben erhalten, Fleisch

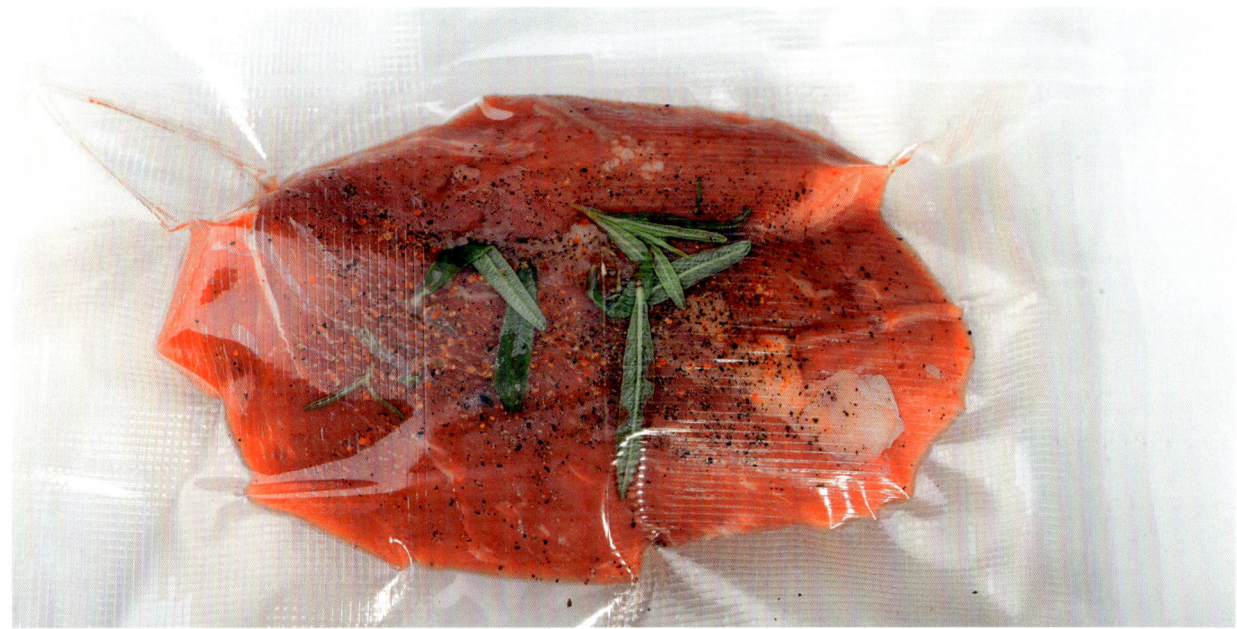

Das Sous-vide-Garverfahren stammt aus Frankreich (sous »unter«; vide »Vakuum«) und ist eine besonders schonende Methode zum Garen von Fleisch, Fisch oder Gemüse.

oder Fisch garen im eigenen Saft und bleiben wunderbar saftig. Da die Bräunung fehlt, wird das Fleisch im Anschluss noch einmal kurz in der Pfanne angebraten. Diese Kochtechnik funktioniert auch bei Gemüse: Im Vakuumbeutel gekocht, werden die Kohlenhydrate aufgeschlossen, ohne dabei das Zellgerüst zu zerstören. So bleibt das Gemüse knackig. Man braucht dazu nur ein Vakuumiergerät. Die Anschaffung lohnt sich allemal, weil sich eingeschweißte Lebensmittel im Kühlschrank länger frisch halten lassen und auch rohe oder bereits gekochte Lebensmittel damit optimal zum Einfrieren verpackt werden können.

Mein Mann kocht so z. B. Spargel, wie er es vor Jahren von seinem »Lehrmeister-Freund« Hans Haas gelernt hat. Dazu bestreut er die geschälten Stangen mit etwas Fleur de Sel und etwas Zucker, packt je acht mit einem Stückchen Butter in einen Plastikbeutel und verschweißt sie mit seinem Vakuumiergerät. Dann landen die Beutel im Ofen oder, noch besser, im Hold-o-mat bei 80 Grad für ca. 30 bis 40 Minuten. Wenn Sie einmal Spargel so gegessen haben, möchten Sie ihn nie mehr anders haben. Das Aroma ist umwerfend. Sie wissen nicht, was ein Hold-o-mat ist? Dann lesen Sie dazu den nächsten Abschnitt.

Die Niedriggarmethode

Eine andere Variante: Nicht heiß und schnell, sondern sehr langsam bei niedriger Temperatur mit maximal 80 Grad gegart, bleibt Fleisch zart und saftig. Diese Methode hat noch weitere Vorteile: Während der Braten im Ofen brutzelt, haben Sie Zeit, andere Zutaten vorzubereiten. Ein Entenbrustfilet ohne Haut oder ein Rinderfilet kann im Ofen bei 68 Grad bis zu 120 Minuten brauchen, eine

Mit den richtigen Küchenhelfern macht genussvolles Kochen erst richtig Spaß. Leidenschaftliche Hobbyköche kommen mit der Grundausstattung oft gar nicht mehr aus.

Schweinelende bis zu drei Stunden, eine große Lammkeule bis zu sechs Stunden und eine Hirschkeule von zwei Kilo ohne Knochen ebenfalls sechs Stunden. Das Fleisch ist durch, wenn die Kerntemperatur von 56 Grad erreicht ist. Ein Fleischthermometer gibt darüber Auskunft. Das Fleisch lässt sich danach aber noch bis zu einer Stunde warm halten – ohne Qualitätsverlust, wenn Gäste unpünktlich eintreffen. Man brät es dann nach und serviert ein perfektes Stück Genuss.

Küchengeräte für ambitionierte Hobbyköche

Männer neigen ja gelegentlich dazu, Frauen praktische Geschenke in Form von Haushaltsgeräten zu machen. Da sich das starke Geschlecht häufig für Motoren jeglicher Art interessiert und über eine Kettensäge, einen Laubbläser oder einen fahrbaren Rasenmäher »wie ein Schnitzel« freuen kann, liegt dieses Verhalten nahe. Was dem Mann die

Bohrmaschine, ist für sie eben der Stabmixer. Männer, die sich handwerklich betätigen, brauchen Werkzeug, und zwar die gesamte Palette. Kein Wunder, dass Baumärkte immer Konjunktur haben.

Was für den heimischen Handwerker gilt, trifft auch auf den Hobbykoch zu. Ohne Materialschlacht geht's nicht. Ich staune immer wieder, mit welcher neuen Gerätschaft mein Liebster nach Hause kommt. Stundenlang kann er durch die entsprechenden Geschäfte stöbern, Schaumlöffel, Gemüsehobel oder Mandolinen bewundern, während ich überlege, wo das nächste »Trumm« noch verstaut werden kann. Unsere Küche platzt aus allen Nähten. Ich behaupte, dass jedes einigermaßen sinnvolle Küchengerät, das es gibt, bei uns im Küchenschrank schlummert. Das macht einen Umzug fast unmöglich.

Aber wer einen Hobbykoch zu Hause hat, ist um Geschenkideen nie verlegen. Von kleinen Aufmerksamkeiten wie einem Silikonpinsel über spezielle Töpfe und Pfannen bis hin zu Eismaschinen oder Hightech-Rührmaschinen lässt sich die Liste unendlich fortsetzen. Mal ganz abgesehen von Kochbüchern, Kochkursen bei Sterneköchen und Gourmetreisen. Da ist für jeden Geldbeutel etwas dabei. Erst kürzlich lotste mich mein Mann in ein Fachgeschäft, um mir eine neue Geschenkidee, einen Food-Processor, zu zeigen. Eine große Freude konnte ich ihm bereiten, als ich ihm zum Geburtstag einen Hold-o-mat schenkte. Dieses »wichtige« Küchengerät ist ungefähr so groß wie eine Mikrowelle und eine Art Präzisionsofen. Auf ein Grad genau können Sie damit die Temperatur einstellen und so z. B. einen Schweinebraten in Niedriggarmethode für 36 (!) Stunden bei 56 Grad garen lassen, ohne sich weiter darum kümmern zu müssen. Das nicht ganz billige Gerät kommt bei uns ständig zum Einsatz.

Gelegentlich fällt bei uns das Wort »Pacojet« … und der Blick meines Mannes verklärt sich. Sein Wunsch blieb bislang jedoch unerhört, da das Gerät sehr teuer ist und in einem Privathaushalt keinen Sinn ergibt. Aber es wäre ein echter Luxus. Warum? Dieses relativ unscheinbare Küchengerät ermöglicht es Köchen, Tiefgefrorenes wie Saucen oder Suppen und vor allem Eis ohne Auftauen blitzschnell cremig zu pürieren und sofort verarbeitungsfertig zu machen. Ein solches Gerät steht in der Küche jedes Sternerestaurants. Und deswegen träumt der ambitionierte Hobbykoch auch davon. Aber manche Träume können ruhig das bleiben, was sie sind.

Vorschläge für das Abendessen während der Protein-Phase

Um den eigenen Erfolg bei der Ernährungsumstellung nicht zu gefährden, empfiehlt es sich, von möglichen Bekehrungsversuchen bei seinen »Mitessern« abzusehen. Missionieren führt in den meisten Fällen nicht zum Ziel, sondern nur zu Trotzreaktionen. Verbreiten Sie keine Ernährungstheorien, sondern bezeichnen Sie sich ab sofort als Gourmet, für den nur das Beste gut genug ist. Angeben und dabei erfolgreich abnehmen sollte mögliche Widersacher mundtot machen – vor allem, wenn Sie gerade genüsslich am Schlegel eines Zitronenhuhns nagen, das Sie für Ihre Liebsten gekocht haben. Leckere Rezepte überzeugen über kurz oder lang den größten Zweifler. Der Vorteil beim **GOURMET-PRINZIP** ist auch, dass Sie fast jedes Rezept aus dem Buch für die Protein-Phase oder für Protein-Tage zwischendurch verwenden können: Sie lassen nur die Kohlenhydrate weg und konzentrieren sich aufs Wesentliche – für die anderen gibt es das Ganze mit Beilage.

Wenn Sie zu Hause allerdings eine Fischstäbchen-Fraktion haben, die am liebsten Döner und Tiefkühlpizza isst, Fisch und Fleisch in der natürlichen Form rundherum ablehnt, als

würde es sich um Katzenfleisch oder Insekten handeln, und ausnahmslos auf die Fast-Food-Varianten pocht, stehen Sie vor einer größeren Herausforderung. Dann müssen Sie Ihre Lieben sanft, aber hartnäckig auf den Gourmetpfad führen: mit Konsequenz gegen die Korpulenz. Aber mit unseren Rezepten sollte das kein Ding der Unmöglichkeit sein, ganz im Gegenteil.

Hier finden Sie eine kleine Auswahl an Gerichten, die Sie während Phase 1 abends hemmungslos schlemmen dürfen. Sie können die Liste beliebig um die vielen anderen Rezepte in diesem Buch erweitern, wenn Sie nur die Beilagen weglassen. Also: Nichts spricht gegen die Entenbrust mit Mangosalsa auf Seite 85, wenn Sie in dieser Phase die Salsa weglassen. Und wenn Ihnen am Abend mal gar nicht nach Kochen zumute ist, dann tut es auch ein einfacher Quark oder ein Rühr-, Spiegel- oder hart gekochtes Ei.

T-Bone-Steak	→ Rezept Seite 99
Räucherlachs	→ Rezept Seite 120
Tatar	→ Rezept Seite 106
Gelackte Poulardenbrust	→ Rezept Seite 88
Beefburger pur	→ Rezept Seite 102
Entrecote pur	→ Rezept Seite 100
Loup de mer mit Bohnen	→ Rezept Seite 124
Gedämpfte Dorade	→ Rezept Seite 122
Lachs unter der Folie	→ Rezept Seite 123
Riesengarnelen mit Dill	→ Rezept Seite 130
Oeufs en cocotte	→ Rezept Seite 117
Carne cruda	→ Rezept Seite 116
Stubenküken	→ Rezept Seite 89
Maibock	→ Rezept Seite 111
Forelle auf Linsensalat	→ Rezept Seite 121

Phase 2:
Die Balance-Phase

In den nächsten zehn Tagen stellen Sie Ihren Rhythmus bei den Mahlzeiten um. Wenn Sie bislang dreimal pro Tag gegessen haben, ändert sich nur wenig. Wenn Sie es aber gewohnt waren, zwischendurch zu essen, beginnt eine neue Ära: drei Mahlzeiten pro Tag mit mindestens fünf Stunden Pause zwischen Frühstück und Mittagessen bzw. Mittag- und Abendessen. So balancieren Sie Ihren Blutzuckerspiegel aus. In der zweiten Phase, der Balance-Phase, essen Sie abends weiterhin Proteine, die Sie nun aber auch mit Salaten, Gemüse oder Obst kombinieren können.

Die Sache mit dem richtigen Timing haben Sie bereits in der ersten Phase kennengelernt, indem Sie abends auf Kohlenhydrate sowie Beilagen verzichtet und so schon ein paar Pfund abgenommen haben. Damit wurde die landläufige Vorstellung, dass Abnehmen nur unter Qualen gelingt, ad absurdum geführt. Schlank werden und bleiben funktioniert mithilfe des GOURMET-PRINZIPS ganz ohne Verzicht und Frust. Schlanksein hat natürlich seinen Preis: Sie müssen sich mehr damit beschäftigen, was Sie einkaufen, kochen und essen. Ein Huhn aus artgerechter Haltung kostet natürlich auch etwas mehr als ein Masthähnchen aus der Massentierhaltung. Aber dafür gewinnen Sie gleich dreifach: Sie werden ein Gourmet, Sie verlieren Körperfett und das gute Gewissen gibt's obendrein. Und die Hoffnung, sich in naher Zukunft im schicken Bikini in der Sonne zu räkeln, weil die Figur dazu passt, ist auch nicht ohne! Aber bis Sie dieses Ziel erreicht haben, müssen Sie nun die zweite Phase des GOURMET-PRINZIPS zünden.

Das Timing spielt auch in der nächsten Etappe eine große Rolle. Denn wann Sie was essen, ist der Schlüssel zu einer schlanken Figur. In der Balance-Phase dürfen Sie die abendlichen Proteine nun mit Beilagen wie Salat, Gemüse oder Obst kombinieren. Wenn Sie aber Geschmack daran gefunden haben und Ihre Motivation noch groß ist, abends Eiweiß pur zu essen, dann bleiben Sie dabei. So gelingt das Abnehmen noch schneller. Ich halte mich fünf Tage die Woche daran und bin superglücklich damit. Für meinen Mann ist Eiweiß pur nur manchmal eine Option. Aber wir kommen uns damit nicht in die Quere. Ab und zu gibt's Eiweiß pur, dazwischen auch mal mit Salat oder Gemüse. Sie können Die Protein-Phase so lange machen, wie Sie wollen. Hier gibt es kein zeitliches Limit.

Wissen macht schlank

Obwohl Sie möglicherweise bereits Fachfrau oder -mann sind, was das unerschöpfliche Thema Diäten betrifft und selbst jahrelange Marktforschung betrieben haben, war Ihnen diese Sache mit Timing vielleicht bislang noch nicht bewusst. Aber das Wissen, wie unser Körper tickt, hilft beim Abnehmen. Eine Vielzahl von Körperrhythmen wie etwa die Körpertemperatur, der Schlaf- und Wachrhythmus, die Verdauung oder die körperliche Leistungsbereitschaft unterliegen einem tageszeitabhängigen Rhythmus. Eine innere Uhr steuert diese Rhythmen, den Stoffwechsel, den Appetit und die Aktivität innerer Organe. Dieser Taktgeber

42

befindet sich im sogenannten suprachiasmatischen Kern (SCN) des Gehirns, hinter den Augen, in der Nähe des Sehnervs. Der SCN ist die Schaltzentrale aller inneren Uhren des Körpers. Denn neben dieser Hauptuhr haben wir weitere kleinere Taktgeber, die in allen Körperorganen sitzen. Die Hauptuhr dirigiert sie jedoch alle.

Über Hormone gibt diese Kommandozentrale dem Körper und dem Nervensystem den Takt an. Es gibt kaum Vorgänge, die ohne diese Rhythmen ablaufen. Der wichtigste Zeitgeber für die innere Uhr ist das Tageslicht. Es sagt dem Körper, dass wir bei Licht aktiv sein sollen und mit der Dämmerung allmählich in den Nachtmodus umschalten. Bekommt die innere Uhr tagsüber die Nachricht »hell« und nachts »dunkel«, arbeitet sie rhythmisch im regulären 24-Stunden-Takt. Schichtarbeit, Zeitverschiebung und nächtliche Fressorgien können die innere Uhr jedoch stören, weil wir gegen den vorgegebenen Rhythmus verstoßen. Unser Körper ist ein absolutes Gewohnheitstier: Er liebt geregelte Abläufe und reagiert äußerst sensibel auf Störungen durch einen unregelmäßigen Lebenswandel. Aber die innere Uhr läuft nicht bei jedem Menschen identisch. Es gibt verschiedene Chronotypen: Manche sind Morgenmenschen, »Lerchen«, und gleich nach dem frühen Aufwachen aktiv. Andere wiederum, die »Eulen«, sind Morgenmuffel, die lieber spät ins Bett gehen und entsprechend länger schlafen. Die meisten von uns tendieren zum Normaltyp, der dazwischen liegt.

Den Hungerrhythmus festlegen

Doch nicht nur das Tageslicht, auch die Essenszeiten beeinflussen den Körperrhythmus. Und hier zeigen Forschungsergebnisse immer mehr, dass drei Mahlzeiten zu festen Tageszeiten ideal sind für eine gut getaktete biologische Uhr. Menschen vom Chronotyp Eule, die erst später in

Gang kommen, können natürlich später frühstücken als Lerchen, aber das Prinzip bleibt immer das gleiche: Mit drei regelmäßigen Mahlzeiten am Tag können alle Stoffwechselvorgänge optimal ablaufen. Jede Mahlzeit wirkt dabei als Zeitgeber und synchronisiert die innere Uhr. Gelegentliche Abweichungen schaden nicht, wenn in der Regel alles nach der Uhr läuft. Ab dem 60. Lebensjahr gerät die innere Uhr allmählich aus dem Takt. Dann sind feste Mahlzeiten und Licht als Zeitgeber noch wichtiger, um sie immer wieder zu synchronisieren. Der Seniorenteller lässt grüßen.

Fazit: Die biologische Uhr steuert, wann der Hunger kommt. Geht sie falsch, wird Übergewicht gefördert. Normalerweise kommt beim Menschen alle vier bis fünf Stunden das Gefühl von Hunger auf. Dieses wichtige Signal wird jedoch durch Zwischenmahlzeiten überlagert und gestört – mit unangenehmen Konsequenzen fürs Gewicht: Wer nachmittags eine Zwischenmahlzeit isst, verzehrt deswegen abends nämlich nicht weniger.

Früher, als ich noch nicht nach dem GOURMET-PRINZIP gelebt habe, brauchte ich zwei, drei Stunden nach dem Frühstück ein zweites Frühstückchen. Mit Blick auf die Linie durfte das nur ein Apfel, ein Glas Buttermilch oder eine Scheibe Vollkornbrot sein. Heute halte ich fünf Stunden durch, ohne einen Gedanken an einen Snack zu verschwenden. Denn ich habe einfach keinen Hunger. Er rollt pünktlich gegen 13 Uhr an, dann aber gewaltig.

Und wenn der kleine Hunger kommt?

Wer bisher zwischendurch genascht hat, steht mit der Regel »nur noch drei Mahlzeiten pro Tag zu möglichst festen Zeiten« vor einer neuen Herausforderung. Denn vom kleinen Hunger getrieben, stellen bis zu fünfstündige Esspausen eine große Hürde dar. Da wird der Blick glasig, die Lippen werden schmal. Zähne zusammenbeißen und durch? Nein. Die Lösung heißt: Sie essen sich mit jeder Mahlzeit so nachhaltig satt, dass der Heißhunger erst gar nicht auftritt. Und das geht ziemlich einfach, es kommt nur auf den Zucker

an. Bekommt das Gehirn die richtige Dosis, gibt es sich die nächsten Stunden damit zufrieden und sendet keine Hungersignale. Hier spielt das Frühstück eine entscheidende Rolle. Denn nach der nächtlichen Fastenpause von rund zwölf Stunden braucht das Gehirn dringend Treibstoff. Ein vollwertiges Frühstück liefert den perfekten Start in den Tag. Nachts ist unser Gehirn im Energiesparmodus, der Energieverbrauch liegt bis zu 40 Prozent unter dem Tageswert. Aber selbst wenn wir schlafen, ist unser Gehirn aktiv. Es meldet Energiebedarf, wenn der Blutzuckerspiegel unter einen gewissen Wert sinkt. Dann werden mithilfe komplizierter Messmechanismen und verschiedener Botenstoffe die Sättigungssignale des Fettgewebes blockiert.

Moppel-Doping: Kohlenhydrate gleich Zucker?

Kaum haben wir am Morgen beim Frühstück den ersten Bissen getan, beginnt unser Körper mit der Verdauung, um alle wichtigen Bausteine aus der Nahrung herauszuholen und die Kalorien in Energie umzuwandeln. Der Körper verwertet alles, egal was er bekommt, und spaltet die Inhaltsstoffe in die für unseren Körper lebenswichtigen Energielieferanten auf: Fett, Eiweiß oder Kohlenhydrate. Für den Chemiker sind Kohlenhydrate lediglich eine Verbindung zwischen Wasser und Kohlenstoff. Klingt ziemlich harmlos, aber Kohlenhydrate sind Zucker, Stärke und Cellulose.

Kohlenhydrathaltige Nahrungsmittel sind vor allem Brot und Backwaren, Kartoffeln und Kartoffelprodukte, Nudeln, Teigwaren und Reis. Kohlenhydrate verstecken sich auch in Fertigprodukten, Marmelade, Ketchup oder Limonade, also in vielem, was wir mögen und was bei den meisten täglich auf den Tisch kommt. Unser Gaumen liebt die Süße. Kohlenhydrate versorgen den Körper vor allem mit schneller Energie. Mit der Nahrung aufgenommen, werden sie im Darm größtenteils in ihre Bausteine, in Glukose (also

INFO

Zwischenmahlzeiten liefern nicht nur zusätzliche Kalorien, sondern verhindern auch, dass der Insulinspiegel sich ausbalancieren und so die Fettverbrennung zwischen den Mahlzeiten stattfinden kann. Ein hoher Insulinwert hemmt den Fettabbau. Zwischenmahlzeiten bremsen übrigens auch unseren Bewegungsdrang. Aus diesen Gründen sind drei Mahlzeiten mit einer ausreichenden Menge an Kalorien optimal. Zwischen den Mahlzeiten sollten immer vier bis sechs Stunden liegen, damit sich Stoffwechsel und Hormonsystem regulieren können.

Kohlenhydrate sind wichtige Energielieferanten – aber nicht alle haben die gleiche Wirkung. Weißbrot, Pasta, Süßes & Co. gelten als schnelle Kohlenhydrate. Vollkornprodukte sind komplexe, langsame Kohlenhydrate.

Traubenzucker), zerlegt und gelangen dann in die Leber. Einen Teil speichern Leber und Muskeln. Aus dem Leberglykogen wird das Blut ständig mit Glukose versorgt, sodass sie den Organen, allen voran dem Gehirn, die ihre Energie nur aus Glukose decken können, immer ausreichend zur Verfügung steht. Alle vom Körper aufgenommenen Kohlenhydrate werden letztlich in Glukose umgewandelt. Das einzige Unterscheidungskriterium ist, wie schnell und intensiv dabei der Blutzuckerspiegel steigt.

Der süße kleine Unterschied

Früher, als ich noch ein Kind war, bekam ich bei meiner Oma manchmal ein Zuckerbrot. Dazu wurde eine Scheibe Brot dick mit Butter bestrichen und dann genauso dick mit Zucker bestreut. Dass ich mich heute noch daran erinnere, spricht für sich. Ich kann es sogar noch schmecken. Zucker tut weder den Zähnen, noch der Figur noch der Gesundheit gut, aber er verwöhnt Gaumen und Zunge und macht glücklich. Und wir brauchen Zucker beim Kochen. Wie das Salz in der Suppe benötigen manche Speisen eine Prise Zucker. Crème brûlée kommt beispielsweise nicht ohne die knusprige Karamellschicht aus, bei Tomaten, Rettich oder Spargel mildert ein Hauch Zucker die Bitterstoffe. Und das feine Zusammenspiel von süß und sauer verleiht dem einen oder anderen Gericht, mitunter sogar Fleisch, den letzten Kick.

Früher war Zucker teuer und damit selten. Er musste erst aus den Ländern importiert werden, bei denen das Klima für den Zuckerrohranbau ideal war. Dann entdeckte ein Chemiker den Zuckergehalt einheimischer Pflanzen wie der Rübe. Durch Züchtungen wurde der Zuckeranteil erhöht, und Rüben- sowie Rohrzucker konnten nun industriell hergestellt werden. Damit wurde Zucker ein billiges Konsumprodukt und für uns zum Problem. Aber zu seiner Ehrenrettung muss gesagt werden: Es ist nicht alles schlecht, was weiß glitzert. Genauso wie Fett nicht gleich Fett ist und nicht immer dick macht, ist Zucker nicht gleich Zucker und nicht immer ein Dickmacher. Je nach Anzahl der Zuckerbausteine gibt es Einfach-, Zweifach- und Mehrfachzucker. Einfach- und Zweifachzucker werden schnell verdaut und landen rasch im Blut. Damit liefern beide schnelle Energie,

jagen aber auch den Blutzuckerspiegel hoch und locken Insulin. Bei Mehrfachzucker, der z. B. in Getreide oder Kartoffeln vorzufinden ist, läuft dieser Vorgang gebremst ab, weil er erst aufgespalten werden muss – das ist die gewünschte Variante.

Die Sorten: Alles Zucker, oder was?

Wir alle lieben Süßes – diese Prägung beginnt mit der Muttermilch. Sie enthält Laktose, einen Zweifachzucker. Süßes lockt das »Glückshormon« Dopamin. Und ist süß auch noch mit fett kombiniert, wie etwa bei Schokolade, dann steigt die Konzentration von Serotonin, dem »Wohlfühlhormon«. Ein Schokocroissant ist also ein »Glückskeks«, den wir uns aber leider auch gleich auf die Hüften kleben können. Natürlich braucht unser Gehirn Glukose als Energielieferant und Signal. Denn durch Glukose wird im Gehirn das Sättigungsgefühl ausgelöst. Essen wir aber häufig süß, empfinden wir sehr süß bald als normal süß.

Manche verwenden nur braunen Zucker, in der stillen Hoffnung, dass er besser für die Figur sei. Ob weiß oder braun ist aber völlig egal – nur die Farbe ist anders, sonst gar nichts. Das gilt auch für Roh-, Kandis-, Puder-, Hagel- oder Würfelzucker. Alle Sorten sind Haushalts- oder Kristallzucker bzw. Saccharose, nur in anderer Form, und werden aus Zuckerrohr oder Zuckerrüben gewonnen. Traubenzucker bzw. Glukose oder Dextrose stammt aus Kartoffel- oder Maisstärke und ist nur halb so süß wie Rübenzucker. Er liefert einen schnellen Energiekick, z. B. beim Sport, kommt aber beim Kochen nicht zum Einsatz. Fruchtzucker bzw. Fruktose entsteht in Früchten und in Honig, kann aber auch industriell gewonnen werden. Er ist 20 Prozent süßer als Rübenzucker. Milchzucker bzw. Laktose aus Molke bringt es nur auf ein Viertel der Süße von Kristallzucker und eignet sich zum leichten Süßen. Beim Einkochen von Marmelade

Auch wenn einige Zuckersorten gesünder sind als andere, sollte man so wenig Zucker wie möglich zu sich nehmen, wenn man sich gesund ernähren möchte.

46

und Gelee sorgt Gelierzucker für intensives Aroma, appetitliche Farbe und lange Haltbarkeit. Ein beliebter Zusatzstoff der Lebensmittelindustrie ist beispielsweise Maltose, womit vermeintlich so gesunde Müslis oder Cornflakes heimlich gezuckert werden. Aber diese Zuckerstoffe lösen kein Sättigungsgefühl aus. Deswegen können wir große Mengen Zerealien futtern, ohne davon satt zu werden.

Die Ureinwohner Brasiliens und Paraguays benutzen seit Jahrhunderten eine Natursüße: Stevia. In der EU wurde Stevia erst im Dezember 2011 als Lebensmittelzusatzstoff mit der Bezeichnung »Steviolglykoside E 960« zugelassen. Endlich, denn Stevia ist ein idealer Zuckerersatz für Diabetiker und Figurbewusste. Der aus den Blättern der südamerikanischen Pflanze *Stevia rebaudiana* (Süßkraut oder auch Honigkraut) gewonnene Süßstoff ist hitzebeständig, hat keine Kalorien, schont die Zähne und kann Haushaltszucker problemlos ersetzen. Stevia bewirkt obendrein, dass Kohlenhydrate aus der Nahrung verzögert ins Blut gehen, sodass der Blutzuckerspiegel nach dem Essen langsamer ansteigt. Aber es erfordert etwas Übung bei der optimalen Dosierung, weil Stevia stärker süßt als herkömmlicher Zucker. Nur Mut, versuchen Sie es.

Der Zucker-Teufel steckt im Detail

Wer beim Einkaufen der Sache auf den Grund gehen möchte, braucht Augen wie ein Luchs. Denn ohne gutes Sehvermögen sind die kleinen Nährwerttabellen auf Verpackungen ja kaum zu entziffern. Und natürlich legen die Hersteller auch kein Vergrößerungsglas bei. Aus gutem Grund: Was ich nicht weiß, macht mich nicht schlank. Denn was viele nicht ahnen: Zucker steckt, als Kohlenhydrat getarnt, in vielen Lebensmitteln. In einer Flasche Ketchup sind dies etwa 40 (!) Stück Würfelzucker. Und auch Mayonnaise, Fertigsaucen und -gerichte, Müslis, Softdrinks und

Zucker steckt, als Kohlenhydrat getarnt, in vielen Lebensmitteln: schnelle Energie, die nicht lange sättigt, keine Vitamine oder Mineralstoffe enthält und dick macht.

Säfte enthalten versteckten Zucker. Ein Indiz dafür sind Fremdworte, die mit »-ose« enden: Saccharose (Haushalts- oder Rübenzucker), Laktose (Milchzucker), Maltose (Malzzucker), Glukose, Dextrose (Traubenzucker) oder Fruktose (Fruchtzucker). Auf das leicht verdauliche Kohlenhydrat aus Zuckerrohr oder Zuckerrübe kann der Körper jedoch verzichten. Dieser Zucker liefert zwar schnelle, süße Energie, sättigt aber nicht lange, besitzt weder Vitamine noch Mineralstoffe und macht dick.

Zum Glück gibt's ja Süßstoff. Oder macht der auch dick? Diese Behauptung gibt es zumindest seit Jahren, genauso wie die gegenteilige Meinung – je nach Studie. Hier hilft nur der gesunde Menschenverstand. Süßstoff hat keine Wirkung auf den Blutzuckerspiegel. Das ist neben den fehlenden Kalorien der zweite Vorteil. Aber der süße Nicht-Zucker

47

täuscht das Gehirn. Das ist sein Nachteil. Süßstoff gaukelt dem Gehirn Energie vor, die in Wahrheit gar nicht ankommt. Süßstoff schmeckt nur süß wie Zucker, hat aber keine Kalorien, sprich Energie im Gepäck. Er macht zwar keinen Hunger, aber auch nicht satt. In Kaffee oder Tee muss er das ja auch nicht. Deswegen spricht zumindest darin nichts gegen Süßstoff. Und bei ein, zwei Tassen pro Tag ist die Menge ja verschwindend gering.

Von guten und schlechten Kohlenhydraten

Kohlenhydrate haben immer zur Folge, dass der Blutzuckerspiegel steigt und Insulin ausgeschüttet wird. Die Bauchspeicheldrüse produziert das Hormon, um den hohen Blutzuckerwert wieder nach unten zu regulieren. Aber kaum sinkt der Blutzuckerspiegel auf »normal«, meldet sich das Hungergefühl: Der abfallende Wert vermittelt dem Gehirn, dass Zucker fehlt. Prompt schaltet es von satt auf hungrig – ein Teufelskreis, der dick macht. Das ist der Bumerangeffekt des schnellen Zuckers: Er macht satt und kurzfristig zufrieden, aber die Wirkung hält nicht lange an. Wer sich so ernährt, kann unentwegt essen – ohne richtig und auf Dauer satt zu werden.

Aber nicht alle Kohlenhydrate haben die gleiche Wirkung. Die »schlechten« Kohlenhydrate treiben den Blutzuckerspiegel wie ein Turbo schnell und hoch hinauf, die »guten« Kohlenhydrate dagegen beeinflussen ihn gemächlicher und gleichmäßiger. Weißbrot, Pommes, Chips, Nudeln, Reis, Kekse, Schokolade oder Limonade haben den eingebauten Turbo und gelten als schnelle Kohlenhydrate. Vollkornprodukte haben einen Bremsverstärker und sind komplexe, langsame Kohlenhydrate.

Auch langsame Kohlenhydrate werden im Darm in einfachen Zucker, also Glukose, umgewandelt und in das Blut weitergeleitet. Als Reaktion schüttet die Bauchspeicheldrüse hier ebenfalls das Hormon Insulin aus und sorgt dafür, dass die Glukose in den Zellen landet. Bei den langsamen Kohlenhydraten, wie Vollkornprodukte sie liefern, dauert diese Umwandlung und Weiterleitung jedoch länger als bei einfachen Kohlenhydraten wie z. B. aus Weißmehl. Die langsame Verwertung verteilt die Glukose länger und kontinuierlicher im Blut, die Bauchspeicheldrüse produziert gleichmäßiger Insulin. Damit erreichen Sie genau die Balance, die Sie vor Heißhungerattacken schützt. Denn

INFO

Ein Getreidekorn besteht aus der äußeren, ballaststoffreichen Kleie, dem inneren, mikronährstoffreichen Keim und dem stärkehaltigen Körper namens Endosperm. Vollkorn bedeutet, dass Kleie, Keim und Endosperm im Lebensmittel vorhanden sind. Erst durch moderne Verfahren wurde es möglich, das Korn so zu verarbeiten, dass aus dem Endosperm raffiniertes Weißmehl gewonnen werden konnte. Der geschälten Variante fehlen jedoch wichtige Mineralstoffe, Vitamine und Ballaststoffe. Vollkornprodukte enthalten verschiedene Substanzen, von denen angenommen wird, dass sie sich günstig auf den Blutzuckerstoffwechsel auswirken. Zu ihnen zählen vor allem Ballaststoffe und Mineralstoffe wie Magnesium. Vollkornprodukte haben die positive Eigenschaft, eine gleichmäßige und langsamere Zuckerversorgung auszulösen. Der Zucker tröpfelt quasi ins Blut, statt hineinzuschießen. Da der Verdauungsprozess bei Vollwertlebensmitteln länger andauert, stellt sich viel später ein erneutes Hungergefühl ein. Somit sorgen Vollkornprodukte auch für eine schlankere Linie.

durch diese stetige Energieversorgung ist der Körper, vor allem aber das Gehirn, das Glukose braucht, lange Zeit damit versorgt. So setzt ein erneutes Hungergefühl erst viel später ein, und fünf Stunden zwischen den Mahlzeiten sind damit überhaupt kein Problem mehr.

Die perfekten Frühstücksvarianten

Nach der nächtlichen Essenspause soll das Frühstück viel Power bringen. Die während der Nacht geleerten Kohlenhydratspeicher müssen aufgefüllt werden. Vollkornsandwichs liefern alles, was der Körper braucht, und machen für Stunden satt. Aber auch Eier, Obst, Joghurt, Quark oder ungesüßte Müslis sind um diese Tageszeit erlaubt, ebenso Marmelade. Wichtig für eine lang anhaltende sättigende Wirkung sind spezielle Kohlenhydrate: die Ballaststoffe. Das sind pflanzliche Bestandteile, die nicht verdaut werden können. Die Pflanzenfasern saugen sich voll Flüssigkeit und quellen auf wie ein Schwamm. Das füllt den Darm, regt die Verdauung an und macht lange satt. Ohne Ballaststoffe entsteht gähnende Leere im Bauch, die Hunger signalisiert. Täglich 30 Gramm unlösliche Ballaststoffe aus Weizen oder Hafer, etwa in Form von Haferflocken oder Grieß, senken den Blutzuckerspiegel, ohne die Insulinausschüttung zu erhöhen. Ballaststoffe verbessern also auch den Glukosestoffwechsel. Deswegen empfiehlt es sich, beispielsweise Haferflocken über den Obstsalat zu streuen.

Brot ist ebenfalls zu empfehlen, solange Sie auf Vollkorn setzen, da diese komplexen Kohlenhydrate lange satt machen und viel Energie liefern. Das heutige Durchschnittsbrötchen ist leider ein jämmerlicher Abklatsch seiner Vorfahren. Die Backkunst geht verloren, auch hier ist industrielle Massenware auf dem Vormarsch. Überall tauchen kleine Läden auf, in denen es Backwaren gibt, die vor Ort aufgebacken werden. Geschmacklose Weizen-

brötchen, die mehr an einen Dämmstoff oder Schwamm als Trägermaterial für Käse und Schinken erinnern, gehen da über die Theke. Aber es gibt sie noch vereinzelt, die guten Bäckereien, die nicht die weitverbreitete industrielle Backmischung verwenden, sondern ihren Teig selbst anrühren, und in denen traditionelle Backkunst eine Selbstverständlichkeit ist. Genau das können Sie schmecken – legen Sie als »Neu-Gourmet« Wert darauf.

To go als No-Go

Ebenso hat sich das Frühstück to go eingebürgert. Lieber eine Viertelstunde länger schlafen und dann unterwegs schnell ein belegtes Brötchen oder süßes Teilchen verdrücken. Das hat mit Esskultur und Genuss überhaupt nichts mehr zu tun. Essen Sie NIE im Gehen oder Stehen! Nahrungsaufnahme nebenbei kommt für einen Gourmet nicht infrage. Wer

Genießen Sie Ihr Frühstück in aller Ruhe – es gibt Ihnen die Kraft, die Sie für den Start in einen neuen Tag brauchen.

49

Dick macht nur, was man kauen kann? Leider nicht! Neben Limo, Cola und Alkohol haben es auch Latte macchiato und andere Kaffeespezialitäten in sich. Die Antwort ist schlicht: Der Milchzucker macht's.

bisher aufs Frühstück verzichtet hat, sollte sich ab sofort die Zeit dafür nehmen und das Frühstücksritual wieder einführen. WICHTIG: Essen Sie sich satt – es muss für die nächsten fünf Stunden ausreichen!

Latte macchiato unter der Lupe

Ob zum Mitnehmen aus dem Coffeeshop oder selbst gebraut mit der eigenen Espressomaschine: Nie gab es mehr Kaffeekreationen als heute. Wer seinen Kaffee nicht schwarz, sondern mit Milch und Zucker trinkt, sollte aber die Kalorien im Blick behalten. Viele unterschätzen, wie viele davon Latte macchiato & Co. mit sich bringen. Schon zwei pro Tag können eine komplette Mahlzeit ersetzen! Während früher eine Tasse Kaffee mit einem Schuss Dosenmilch und zwei Stück Zucker nur 60 Kalorien hatte, liefert schon eine

kleine Latte macchiato aus dem Coffeeshop mindestens 160 Kalorien. Warum? Der Milchzucker macht's. Die schlanke Alternative mit null Kalorien und viel Power: Espresso oder Kaffee schwarz. Und ist Kaffee ungesund? Nicht die Bohne! Aber die Angewohnheit, über den Tag verteilt viele Tassen Kaffee zu trinken, ist eine ungute Entwicklung. Kaffee ist kein Durstlöscher. Die bessere Alternative ist immer Mineralwasser oder ungesüßter Tee.

Mittags ein Drei-Gänge-Menü

Während beim Frühstück komplexe Kohlenhydrate und beim Abendessen Eiweiß im Vordergrund stehen, sollte das Mittagessen von allem etwas haben: Eiweiß, Kohlenhydrate, Fett und natürlich Vitamine, Mineral- und Ballaststoffe. Damit gestaltet sich das Mittagessen ziemlich problemlos, denn hier ist fast alles erlaubt. Sie kombinieren Proteine mit Kohlenhydraten, d. h. Fisch, Fleisch, Geflügel & Co. mit Kartoffeln, Nudeln, Reis oder Brot. Da Sie nach dem Mittagessen noch für einige Stunden aktiv sein werden und der Stoffwechsel auf Hochtouren arbeitet, ist diese Kombination nicht nur erlaubt, sondern sinnvoll. Deswegen spricht auch nichts gegen ein Drei-Gänge-Menü.

Hier lohnt sich ein Blick zu unseren Nachbarn. Bei den Franzosen umfasst das traditionelle Mittagessen drei kleine (!) Gänge. Im Alltag vielleicht nicht immer möglich, aber erstrebenswert. Das Phänomen, dass viele Franzosen schlank bleiben, obwohl sie gerne und ausgiebig essen, wurde in einer Studie des Zentrums für die Erforschung der Lebensgewohnheiten, CREDOC, untersucht. Das Ergebnis überrascht nicht: Regelmäßige Mahlzeiten im Kreis der Familie tragen dazu bei. Franzosen nehmen etwa 90 Prozent ihrer Kalorien während der Mahlzeiten auf und nur etwa zehn Prozent zwischendurch. Im Gegensatz zu den Amerikanern: In den USA werden mehr als 20 Prozent der Kalorienmenge in Form von Snacks und Knabbereien zwischendurch konsumiert. Außerdem betrachten Amerikaner Essen eher als reine Nahrungsaufnahme, während für Franzosen der Genuss an erster Stelle steht. Die Devise lautet also: Die Qualität zählt, nicht die Quantität.

Auch in Japan, Italien, Spanien und Griechenland nehmen sich die Menschen mehr Zeit zum Essen. Der Vorteil: Es dauert etwa 20 Minuten, bis im Gehirn nach dem Essen das erste Sättigungssignal eintrifft. Schon deshalb kann Fast Food nicht satt machen. Und für Gourmets gilt: Handy oder Fernseher bleiben während des Essens aus. Das GOURMET-PRINZIP funktioniert nach diesen Genussprinzipien. Es wird nicht nebenbei, nicht im Stehen oder Gehen, sondern im Sitzen am Tisch gegessen. Jede Mahlzeit wird zelebriert.

Sättigungsbeilagen: Der Name ist Programm

»Un peu, un peu, un peu« hauchen Französinnen, wenn es um Sättigungsbeilagen geht. Sie dürfen beim Mittagessen aber trotzdem zulangen. Um die nächsten fünf Stunden ohne Zwischenmahlzeit und Hungergefühle zu überstehen, kommt es auf eine ausgewogene Mischung an. Und dafür sind mittags die klassischen Sättigungsbeilagen erlaubt. Aus gutem Grund: Sie machen satt und liefern Energie für den Rest des Tages. Ich möchte hier nicht als Spaßbremse auftreten, aber die Dosis macht das Hüftgold. Das Zauberwort heißt »Beilage« (nicht Hauptfüllmenge). Kartoffeln, Nudeln & Co. schmiegen sich deshalb appetitlich und überschaubar an eine Hühnerbrust und nicht umgekehrt. Sie verdienen Ihren Lebensunterhalt vermutlich nicht als Holzfäller, deswegen hält sich die benötigte Energiemenge in überschaubaren Grenzen. Seien Sie wählerisch und bevorzugen Sie Kohlenhydrate in einer weniger verarbeiteten Form: Vollkorn- statt Weißbrot, Salzkartoffeln statt Kartoffelpüree. Diese kohlenhydratreichen Beilagen machen länger satt, weil der Körper länger braucht, um sie zu verdauen. Damit steigt der Blutzucker langsamer an, weniger Insulin wird ausgeschüttet. Die Energie gelangt verzögert, aber gleichmäßiger ins Blut. So bleibt alles in Balance.

Kartoffeln: Eigentlich haben Kalorien in diesem Buch nichts zu suchen, weil beim GOURMET-PRINZIP andere Kriterien zählen. Aber hier möchte ich eine Ausnahme machen, weil die Zahlen gut illustrieren, wie die Zubereitung die Kalorien verändert. Wer gerne Kartoffeln isst, sollte Folgendes wissen: 100 Gramm gekochte Kartoffeln liefern 70 Kalorien, Kartoffelbrei 106 Kalorien, Bratkartoffeln 112 Kalorien, Klöße 115 Kalorien, Pommes frites mindestens 130 Kalorien. Nichts spricht dagegen, hin und wieder Bratkartoffeln oder Pommes zu essen. Aber diese Kalorienbomben sollten eher selten auf den Tisch kommen, statt zum Alltag zu gehören.

Nudeln: Auch bei Nudeln gibt es Feinheiten. Spaghetti bolognese ist ein beliebtes Gericht der Deutschen, gefolgt von Pasta mit Tomatensauce. Für die italienische Pasta werden jedoch keine Eiernudeln, sondern Nudeln aus Hartweizengrieß verwendet. Ihr Vorteil gegenüber den Eiernudeln: Hartweizengrieß enthält den Eiweißstoff Gluten, der dabei hilft, die Nudeln bissfest zu kochen. Und Nudeln sollten immer al dente sein. Denn je weicher sie gekocht sind, desto schneller gelangt der Zucker aus den Kohlenhydraten ins Blut. Noch besser sind Vollkornnudeln. Die halten den Blutzucker optimal in Balance.

Reis: Und wie könnte es anders sein: Auch Reis ist nicht gleich Reis. Es gibt etwa 120 000 Reissorten, doch wir verwenden nur einen Bruchteil davon. Als Beilage kennen wir Basmati-, Jasmin-, Vollkorn- oder Wildreis. Fürs italienische Risotto muss es Arborio sein, für die spanische Paella Navarra-Rundkornreis. Reis liefert nicht nur gut verdauliches Eiweiß, sondern auch Kohlenhydrate – vor allem der

Reis gilt als das sortenreichste Grundnahrungsmittel der Welt. Seine komplexen Kohlenhydrate werden vom Körper langsam verarbeitet und machen lange satt.

Naturreis. Er ist ungeschält und enthält noch das Silberhäutchen, das das Reiskorn umhüllt. Darin stecken die wertvollen Nähr- und Aromastoffe, die beim geschälten Reis verloren gegangen sind. Vollkornreis hält den Blutzuckerspiegel ebenfalls in der Balance.

Fett ist nicht gleich Fett und macht nicht gleich fett

»Bisse richtig down, brauchse wat zu kaun … ne Currywurst.« Herbert Grönemeyer hat ihr einen ganzen Song gewidmet, und bei jeder Umfrage ist das Ergebnis gleich: Die Currywurst mit Pommes rangiert auf Platz 1 der beliebtesten Snacks. Steht das Kultgericht auf der Tageskarte, gibt es in Kantinen lange Schlangen. Kein Wunder: Eine Currywurst mit Ketchup besteht aus 80 Prozent Fett, 14 Prozent Eiweiß und 6 Prozent Kohlenhydrate. Eine Portion Pommes frites aus 17 Prozent Fett, 4 Prozent Eiweiß und 44 Prozent Kohlenhydrate. Zusammen hat der Imbiss schlappe 1 000 Kalorien, die viele Menschen glücklich und zufrieden machen … und auch dick. Warum eigentlich? Weil eine Currywurst mit Ketchup und Pommes z. B. ziemlich viel Fett enthält. Und Fett hat zwei Funktionen: Es wirkt als Geschmacksträger, in diesem Fall für die geheime Gewürzmischung, die die Currywurst zu dem macht, was sie ist. Und Fett macht satt. Wer die Wurst im Magen hat, ist voll.

Aber Fett ist nicht gleich Fett und macht nicht automatisch dick. Grundsätzlich steht Fett unter Verdacht, weil ein Gramm neun Kalorien Energie liefert – das ist mehr als bei Kohlenhydraten oder Eiweiß. Und daher kommt auch der Mythos, dass Fett schlecht ist und fett macht. Die Idee der Low-Fat-Welle: Iss weniger Fett und mehr Kohlenhydrate, denn das spart in der Summe Kalorien und macht schlank. Ein Irrtum, wie wir inzwischen wissen, weil Kohlenhydrate Insulin locken und damit die eigentlichen Übeltäter sind. Die Kalorien sind also nicht das Problem, und Fett allein macht noch nicht dick. Wir können auch nicht darauf verzichten, denn Fett ist wichtig für unseren Körper. Entscheidend ist schlicht die Art des Fetts, das wir zu uns nehmen.

Verzichten Sie nicht auf ein Dessert

Wenn Sie sündigen wollen, dann nach dem Mittagessen. Warten Sie also nicht bis zum Nachmittag, sondern essen Sie das Dessert als dritten Gang. Denn die nächsten fünf Stunden sollten Sie eine Essenspause einlegen. Damit fallen Kaffee & Kuchen zwischendrin leider aus.

Auch bei Desserts gibt es bessere und schlechtere Varianten. Obst, Quark oder Joghurt sind mit Blick auf die Figur eine bessere Alternative als manche Torte oder manches Teilchen. Ideal sind frische Früchte, je nach Saison: Kirschen in einer Schale mit eiskaltem Wasser oder Erdbeeren auf Fromage Frais (französischer Frischkäse mit bis zu null Prozent Fett). Auch sehr lecker ist eine frische reife Ananas, längs geviertelt mit Krone. Schneiden Sie das Fruchtfleisch in mundgerechte Stücke, garnieren Sie es auf einem Teller und streuen Sie etwas Cayennepfeffer darüber.

Oder wie wär's mit Eis am Stiel – der einfachsten Art, Eis mit frischen Früchten selbst zu machen? Sie können z. B. Kiwis, Kirschen, Erdbeeren, Pfirsiche oder Papaya dafür verwenden. Pürieren Sie reife Früchte und geben Sie ein wenig Obstsaft dazu. Minzeblättchen verfeinern den Geschmack. Schmecken Sie das Fruchtmark dann noch mit etwas Limettensaft ab. Füllen Sie die Fruchtmasse in kleine Förmchen. Die Eishölzchen bekommen Sie im Fachhandel. Stecken Sie einen Stiel in jede Form und stellen Sie die Förmchen dann für mindestens drei Stunden ins Gefrierfach. Für Kirscheis brauchen Sie 650 Gramm Kirschen, 100 Milliliter Apfelsaft und Zitrone zum Abschmecken. Kiwi-Eis stellen Sie aus acht Kiwis her. Zum Abschmecken nehmen Sie 100 Milliliter

Eis am Stiel ist die einfachste Art, Eis mit frischen Früchten selbst zu machen – schmeckt gut und ist obendrein auch noch eine gesunde Dessertvariante.

Apfelsaft und die abgeriebene Schale einer Limette. Papaya-Eis wird aus dem Fruchtfleisch einer großen Papaya hergestellt. Mischen Sie zur pürierten Frucht 100 Milliliter Orangensaft und etwas Sanddornsaft. Eine leckere Nascherei nach dem Essen – ohne Reue.

In den USA bekommt man ihn in jedem Supermarkt: Frozen Yoghurt – tiefgefrorener Joghurt. Zum Selbermachen brauchen Sie fettarmen Joghurt, den Sie mit frischen Früchten und Fruchtsäften, je nach Geschmack, einfach und schnell aufpeppen. Zum Abschmecken nehmen Sie abgeriebene Limettenschale. Füllen Sie die Masse wieder in kleine Porzellanschälchen und stecken Sie, wenn Sie wollen, einen Holzstiel hinein (so können Sie diese leichte Erfrischung portionsweise genießen). Der Joghurt muss dann für etwa drei Stunden ins Eisfach und alle 30 Minuten durchgerührt werden.

Phase 3:
Die Gourmet-Phase

Herzlichen Glückwunsch – ab jetzt können Sie sich zum Kreis der Gourmets zählen. Denn nach den letzten drei Wochen, in denen Sie sich warm gelaufen haben, wissen Sie nun genug, um als Feinschmecker/in zu leben. In der ersten Phase hatten Sie damit begonnen, abends komplett auf Kohlenhydrate zu verzichten. In der zweiten Phase haben Sie Ihren Hungerrhythmus neu und sich auf drei Mahlzeiten pro Tag eingestellt. Außerdem haben Sie den »schnellen« Zucker durch langsame Kohlenhydrate ersetzt und so den Blutzuckerspiegel in die Balance gebracht.

In der dritten Phase, der Gourmet-Phase, geht es darum, die neue Ernährungsweise zu vertiefen und so zu gestalten, dass Sie damit unbegrenzt weitermachen und mit Genuss abnehmen können. Wie Sie nach den ersten drei Wochen gemerkt haben, fällt das Abnehmen überraschend leicht. Das ist der große Vorteil des GOURMET-PRINZIPS: Mit der neuen Ernährungsweise lassen sich schnell, gesund und kulinarisch abwechslungsreich Erfolge erzielen. Das motiviert zum Weitermachen. Außerdem funktioniert das GOURMET-PRINZIP für Singles und Familien, für Diabetiker, im Alltag, auf Reisen und damit nicht nur für einen kurzen Zeitraum, sondern für immer. Also keine faulen Kompromisse mehr: Das Beste ist gerade gut genug für Sie. Vergessen Sie den »biggest looser«: The winner takes it all!

Täglich schlemmen

Beginnen Sie jeden Tag in aller Ruhe mit einem ausgewogenen Frühstück, das vor allem langsame Kohlenhydrate in Form von Vollkornprodukten sowie viele Ballaststoffe und gutes Eiweiß enthält. Frühstücken Sie ausgiebig, lassen Sie sich Zeit und essen Sie sich richtig statt. In den nächsten fünf Stunden bis zum Mittagessen sollten keine Hungergefühle aufkommen können.

Beim Mittagessen dürfen Sie nun Proteine und Kohlenhydrate kombinieren. Essen Sie dazu reichlich Gemüse oder Salat. Und wenn Ihnen danach ist, gönnen Sie sich gleich nach dem Mittagessen ein Dessert. Dann folgt wieder eine mindestens fünfstündige Essenspause. Das Abendessen sollte zukünftig aus eiweißhaltigen Lebensmitteln bestehen – so wie Sie es bereits aus der Protein-Phase kennen. Kombinieren Sie Fisch, Fleisch, Geflügel, Tofu, Meeresfrüchte und Hülsenfrüchte mit Salaten oder Gemüse. Lassen Sie aber Kohlenhydrate in Form von Nudeln, Reis, Kartoffeln oder Brot so oft wie möglich weg. Nur so verhindern Sie, dass Insulin ausgeschüttet wird und die nächtliche Fettverbrennung blockiert.

Wenn Sie zwischendurch mal einen Turbo einlegen wollen, weil Sie am Abend zuvor in einem Sternelokal geschlemmt haben oder zu einem üppigen Dinner eingeladen waren, essen Sie abends einfach nur Proteine wie in der ersten Phase und dabei die fettarmen Varianten, also helles statt rotes Fleisch und gelegentlich auch mal rein vegetarisch mit Hülsenfrüchten, Pilzen und Tofu. Wer dabei zusätzlich auf Alkohol verzichtet, nimmt noch schneller ab. Und damit wären wir auch schon bei einem wichtigen Thema: Was trinken?

54

Nicht nur der Fisch muss schwimmen – was trinken?

Bisher hat sich alles ums Essen gedreht. Aber auch das, was wir trinken, hat direkten Einfluss auf unsere Figur. Manche (meist Männer) scheinen, was ihre Figur betrifft, völlig schmerzfrei zu sein und outen sich mit XXL-Shirts und Aufdrucken wie »Bier hat diesen Bauch geformt«.

Was bekommen Sie, wenn Sie 35 Stück Würfelzucker in einem Liter Wasser auflösen? Limonade! Genau so »heavy« ist der Zuckergehalt in sogenannten Softdrinks. Nicht nur das viele, süße, fette, industrielle Essen ist schuld am Übergewicht. Auch die Menge an süßen Getränken wie Cola, Fruchtsaft und Limonade setzt der Figur gewaltig zu. Selbst wenn sie sich zuckerfrei nennen, weil sie mit Süßstoffen versetzt wurden, machen sie dick. Denn die »Erfrischungs«getränke enthalten große Mengen Salz, das durstig und Lust auf mehr macht.

Für figurbewusste Gourmets ist Mineralwasser die einzige Alternative. Allgemein werden mindestens 1,5 Liter Wasser am Tag empfohlen. Aber auch hier sollte jeder nach seinem Gusto entscheiden. An das Wassertrinken kann man sich übrigens gewöhnen wie an das tägliche Zähneputzen. Alle, die zu wenig trinken, sollten immer eine Flasche Wasser in Griffnähe haben. Wem das Schleppen der Wasserkästen zu anstrengend ist, der kann problemlos die heimische Quelle anzapfen. Unser Leitungswasser ist ein streng kontrolliertes Lebensmittel. In der Trinkwasserverordnung ist festgelegt, was im Wasser enthalten sein darf. Wer sich über die Zusammensetzung seines Leitungswassers informieren möchte, findet auf der Homepage seines Versorgers die Analysewerte aller Stoffe. Ab der Wasseruhr ist jedoch der Hausbesitzer selbst für die Wasserqualität verantwortlich. Alte Leitungen oder Kalk mindern die Qualität. Filter

Wasser ist und bleibt immer noch der beste Durstlöscher. Gegen die Geschmacksmonotonie helfen Beigaben wie Zitronenschnitze, Ingwer oder frische Minze.

reduzieren mithilfe von Membranen, Ionentauscher und Aktivkohle den Anteil von Kalk, Blei, Chlor, Kupfer, Zink, Pestiziden und Verunreinigungen. Und wem das kühle Nass aus der Leitung zu langweilig schmeckt, der kann es mit Kohlensäure versetzen oder mit Zitronen-, Orangen-, Ingwerscheiben und Minzeblättern aromatisieren.

»Bei Burgunder bedenkt, bei Bordeaux bespricht, bei Champagner begeht man Torheiten.« Nicht nur deshalb ist Champagner mein persönlicher Favorit. Er schmeckt einfach wunderbar, macht eine herrlich leichte Stimmung und nie Kopfschmerzen. Und nebenbei bemerkt: Er hat nicht mal die Hälfte an Kalorien wie ein Mai Tai oder Caipirinha. Die gute Nachricht für Weintrinker: Ein Glas trockener Weiß- oder Rotwein soll besonders gesundheitsfördernd sein und den Blutzuckerspiegel senken. Der Grund: Der Alkoholabbau greift erheblich in andere Stoffwechselvorgänge der

Leber ein und bremst vor allem die Zuckerneubildung. Die Menge ist jedoch entscheidend. Aktuell empfehlen Fachgesellschaften pro Tag 10 Gramm Alkohol für Frauen und 20 Gramm für Männer. 20 Gramm Alkohol entsprechen 0,2 Liter Wein. Das ist ein kleines Gläschen, nicht mehr!

Abnehmen: Ein Pfund pro Woche

Wie Sie bereits wissen, reagiert der Körper nach einer Hungerkur mit dem Jo-Jo-Effekt: Er gewöhnt sich an die niedrigere Kalorienzufuhr. Ist die Diät vorbei und die alten Essgewohnheiten werden wieder aufgenommen, schnappt die Jo-Jo-Falle zu. Steigt die tägliche Kalorienzufuhr nämlich wieder an, werden die Fettdepots umso schneller aufgefüllt – mit dem Erfolg, dass man innerhalb kürzester Zeit dicker ist als vorher. Die Ernährungsweise nach dem GOURMET-PRINZIP verhindert den Jo-Jo-Effekt. Die Ergebnisse der von der EU geförderten Diogenes- (Diet, Obesity and Genes) Ernährungsstudie haben gezeigt, dass eine proteinreiche Ernährung mit wenig raffinierten Stärkeprodukten wie beispielsweise Weißbrot dem Jo-Jo-Effekt entgegenwirkt. Wenn der wöchentliche Gewichtsverlust langsam geschieht, schaltet der Körper nicht automatisch auf Sparflamme. Als Faustregel gilt: Etwa ein Pfund pro Woche verhindert den Jo-Jo-Effekt. Und das ist das Maß für Sie. Damit können Sie sich auch ausrechnen, wann Sie Ihre Traumfigur erreicht haben werden. Zur Kontrolle sollten Sie sich ab sofort täglich wiegen, am besten jeden Morgen gleich nach dem Aufstehen.

Hier geht's ins Gourmetparadies

Eva ist schuld! Um Adam vom rechten Weg abzubringen, brauchte sie nur einen Apfel. Auf Evas Verführungskunst folgte die Vertreibung aus dem Paradies. Bei mir lief das genau umgekehrt ab: Mich verführte ein Mann mit getrüffeltem Kartoffelbrei und lockte mich damit direkt ins

Paradies – dem Gourmethimmel sei Dank. Einen Apfel schnipple ich dafür regelmäßig in mein Frühstücksmüsli. Noch lieber ist er mir in Form einer Tarte Tatin, dem gestürzten Apfelkuchen aus Frankreich. Und für Kalbsleber mit Apfelscheiben als Beilage lasse ich alles stehen. Verführung, ich komme!

Wenn es um die Vertreibung aus diesem Gourmetparadies geht, würde ich Lockmittel wie den Pizza-Automaten, einen Wurst-Toaster oder die Nudel to go aufzählen. Solche Genussgrausamkeiten waren auf der Norga 2013, der Leitmesse für den »Außer-Haus-Markt«, zu bestaunen. Messebesucher konnten dort beispielsweise einen Pizza-Automaten bewundern, der rund um die Uhr in

Nicht jede Verführung mit einem Apfel hat die Vertreibung aus dem Paradies zur Folge. Im Gourmetparadies darf geschlemmt und genossen werden.

ca. 180 Sekunden eine fertig gebackene Ofenpizza aus- spuckt. Lecker ist anders, und Gourmets wenden sich mit Grausen ab. Eine Esskultur, bei der es nur auf möglichst groß, schnell und billig ankommt, ist ein echter Lustkiller mit Nebeneffekt: Sie macht garantiert dick.

Slow statt Fast Food

Im Rekordtempo den Döner vertilgen oder die Pizza wegschaufeln kann jeder. Aber ein delikates Menü mit Lust und Hingabe zu verkosten ist Sache des Gourmets. Slow Food heißt eine Bewegung, die sich gegen den Fast-Food- Trend stemmt. Slow Food bedeutet nicht, dass Sie die Gabel in Zeitlupe zum Mund führen sollen – es meint vor allem Genuss und die Verwendung regionaler Zutaten bester Qualität. Die Bewegung wurde in Italien geboren. Der Soziologe und Journalist Carlo Petrini organisierte schon 1986 eine Protestaktion gegen eine große Fast-Food-Kette. Er wollte damit auf den Werteverfall von Lebensmitteln aufmerksam machen, bei denen es nur noch um den Preis geht. Im norditalienischen Städtchen Bra entstand daraus wenig später Slow Food. Genuss, Qualität, Kultur und Geselligkeit stehen im Mittelpunkt der Initiative. Die inzwischen weltweit vertretene Organisation engagiert sich aktiv mit Veranstaltungen und Messen gegen Fast Food und hektisches Essen aus der Hand. Sie hat sich zum Ziel gemacht, biologische Vielfalt, nachhaltige und umwelt- freundliche Lebensmittelproduktion sowie Genuss und Geschmack zu fördern. Auch viele Restaurants arbeiten inzwischen nach diesem Prinzip. Lesen Sie mehr darüber im Internet unter www.slowfood.de. Es lohnt sich!

Köche, die sich mit einem, zwei oder sogar drei der begehr- ten Michelin-Sterne schmücken dürfen, wurden für die gleichbleibende Qualität ihrer Zutaten, deren Frische und fachgerechte Zubereitung, die Harmonie der

geschmacklichen Verbindung sowie für die Einzigartigkeit der Gerichte, die sich in Kreativität und persönlicher Note widerspiegelt, ausgezeichnet. Ein Gourmet weiß diese Kochkunst zu schätzen und genießt sie nicht nur bei gelegentlichen Besuchen in einem Sternelokal. Auch im Alltag stehen die Qualität der Produkte, die richtige Zubereitung und der Geschmack im Mittelpunkt. Einziges Handicap: die Figur? Noch immer hält sich der Irrglaube, dass zu einer schlanken Linie Verzicht, Hungern und Diäten gehören. Wer so denkt, ist gewaltig auf dem Holzweg.

Heute bleibt die Küche kalt?

Es ist schon seltsam: Obwohl wir heute so viele Köche beim Namen kennen und Kochsendungen im Fernsehen boomen, wird zu Hause immer weniger selbst gekocht. Gewinner dieser Entwicklung sind neben Herstellern von Fertiggerich- ten auch Lieferdienste und Fast-Food-Restaurants, deren Anteil sich in den letzten zehn Jahren verdoppelt hat. Das zeigt sich besonders deutlich am Beispiel der Tiefkühlpizza. Während vor zehn Jahren noch etwa 177 000 Tonnen davon konsumiert wurden, sind es heute 289 000 Tonnen. 2012 verspeisten die Deutschen über 825 000 Tiefkühlpizzas. Selber kochen scheint vielen zu anstrengend. Lieber schauen sie anderen beim Kochen zu – am besten vor dem Fernseher auf der Couch liegend, mit einer Tüte Chips oder einer Pizza aus der Mikrowelle.

Die Kultur des Miteinanders bleibt dabei ebenfalls auf der Strecke. Und obwohl die Küche bei vielen Partys immer noch der beliebteste Aufenthaltsort ist, verkommt Essen zur reinen Lebensmittelaufnahme. Aber gibt es da nicht doch eine Sehnsucht nach der »guten alten Zeit«, in der Kochen und Essen noch einen Stellewert im Tagesablauf einnahmen und wir uns Zeit fürs Essen genommen haben? Das GOURMET-PRINZIP erfüllt diese Sehnsüchte.

Die Hauptarbeit beim Schmecken wird von der Nase geleistet. Hier sitzen 350 verschiedene Sensoren, von denen jeder einen anderen Duft wahrnehmen kann.

Die Nase isst mit

Liebe geht durch den Magen – aber die Nase reagiert zuerst. Bevor wir etwas schmecken, riechen wir es. Wenn ich an den legendären Kartoffelbrei meines Mannes denke, wird mir klar, dass er um diesen Effekt gewusst haben muss: Der betörende Trüffelduft hatte mich quasi willenlos gemacht. Es ist unser Geruchssinn, der uns über die Inhaltsstoffe informiert und auf Lebensmittel aufmerksam macht, die sich in der Nähe befinden. Alarm ans Gehirn: Da grillt einer, nichts wie hin! Unser Geruchssinn warnt uns aber auch als Meldesystem vor drohenden Gefahren, wenn z. B. das Essen verdorben ist. Schmecken würden wir das ja erst, wenn wir den Bissen schon im Mund haben. Und dann könnte es möglicherweise zu spät sein.

Die Grenzen zwischen riechen und schmecken sind fließend. Über Geschmacksrezeptoren auf der Zunge und im Rachen gelangen die Impulse über mehrere Nerven ins Gehirn. Wissenschaftlich betrachtet können wir vier Geschmacksrichtungen unterscheiden: süß, salzig, bitter und sauer. Dazu

kommt eine fünfte Variante namens umami. Dafür gibt es ebenfalls spezielle Rezeptoren, mit denen wir einen fleischartigen Geschmack wahrnehmen können. Vor einigen Jahren haben Wissenschaftler noch einen möglichen Rezeptor für Fett entdeckt: Spezielle Geschmacksknospen der Zunge sollen auf fetthaltige Nahrung reagieren. Mit diesen fünf oder sechs bekannten Möglichkeiten ist unser Geschmackssinn also begrenzt – unser Riechvermögen dagegen ist riesengroß. Mehr als 10 000 Gerüche lagern in unserem Kopfarchiv, fein säuberlich differenziert – vom ekelhaften Gestank bis zum himmlischen Duft. Vermutlich speichern wir als Überlebensstrategie noch viel mehr Gerüche, als wir ahnen.

Die Aromen, die ein raffiniertes Menü ausmachen, nehmen wir also zu allererst über die Nase wahr. Was wir riechen, landet über Nervenbahnen im Gehirn und wird dort auf ewig als Erfahrung gespeichert. Die meisten unserer Geschmackseindrücke sind in Wirklichkeit also Geruchsempfindungen. Und damit lässt sich ziemlich viel Geld verdienen, wie ein bestimmter Industriezweig längst erkannt hat.

Geschmack aus dem Labor

Woran denken Sie, wenn Sie Côte d'Azur hören? Mir kommt da sofort ein knuspriges Baguette in den Sinn, von dem ich noch in der Bäckerei die Spitze abbeiße. So lecker! Aber Sie denken vielleicht an Croissants und Café au lait auf dem Balkon in der warmen Morgensonne über den Dächern von Nizza, an das Schaulaufen der Stars während der Filmfestspiele in Cannes … oder an die betörenden Gerüche, die Grasse zur Weltstadt des Parfums gemacht haben? Hier liegt viel in der Luft. Mal strömt der Duft von Lavendel durch die Gassen, mal legt sich Rosenduft über den Ort. Es kann aber auch intensiv nach Zwiebeln, Tomaten oder Erdbeeren riechen. Denn rund 30 Kilometer im Hinterland der Côte d'Azur entstehen nicht nur flüchtige Substanzen für viele Parfums, die als ätherische Öle aus den Blüten gewonnen werden. Hier werden auch Geschmacksstoffe und Aromen für die Lebensmittelindustrie entwickelt.

Heutzutage wird unsere moderne Kost von Lebensmitteldesignern kreiert, die auf chemische Zusatzstoffe zurückgreifen, um Aussehen, Geruch, Geschmack, Haltbarkeit und Preis der Lebensmittel zu beeinflussen. Das funktioniert, weil die meisten unserer Geschmackseindrücke ja in Wirklichkeit Geruchsempfindungen sind. Aus dieser Erkenntnis ist ein ganzer Industriezweig gewachsen, der Aromen künstlich herstellt. Die verschiedenen Geschmacksnoten sind dann als Flüssigkeit, Emulsion, Pulver, Spray oder Granulat erhältlich und haben unsere Lebensmittel gewaltig verändert. Es gibt inzwischen Tausende von Aromen, die industriell zusammengebraut werden können. Ergibt das Sinn? Und wie! Denn vor allem ist es lukrativ.

Der größte Vorteil: Künstlich hergestellte Aromen sind erheblich billiger als ein Naturprodukt. Schon ein Gramm Erdbeeraroma reicht für ein ganzes Kilo Erdbeerjoghurt ohne jede Frucht, aber mit scheinbar viel mehr Erdbeergeschmack, als Joghurt mit echten Erdbeeren je haben wird.

Künstliche Aromen schmecken intensiver, weil sie unsere Sinne austricksen. Und es gäbe auch gar nicht genügend Erdbeeren, um alle Erdbeerjoghurts der Welt ausreichend damit zu versorgen. Als wichtigstes Argument für die Geschmackstäuschung zieht neben dem Preis auch die Lebensdauer: Erdbeerjoghurt mit künstlichen Aromen ist nicht nur viel günstiger, sondern auch haltbarer als das natürliche Pendant. Und was für Erdbeerjoghurt gilt, trifft auch auf viele Fruchtsäfte, Süßigkeiten, Fertiggerichte oder Tütensuppen zu. Je mehr Zusätze Nahrungsmittel enthalten, desto billiger sind sie meistens. Gourmets verwenden niemals solche Produkte. Feinschmecker legen Wert auf unverfälschte und frische Produkte. Abgepackte Fertiggerichte sind ihnen ein Gräuel. Denn mit Genuss und Sinnenfreude haben sie nichts zu tun.

Geschmacksverstärker und ihre Schwächen

Hollandaise aus der Tüte, Kräuterfisch aus dem Beutel, Popcorn aus der Mikrowelle – wir essen immer mehr Sachen, die unsere Großeltern nicht kannten. Viele Lebensmittel sind industriell vorgefertigt und vollgepackt mit billigen Fetten, Süßstoffen, chemischen Zusätzen, künstlichen Aromen, Geschmacksverstärkern und den Zusatzstoffen mit den E-Nummern. Und weit seltsamer an all dem ist, dass uns das alles auch noch schmeckt. Sind unsere Gaumen erst einmal an den Schwindel gewöhnt, wollen wir auch nur das, was uns die Industrie anbietet, und nicht Mutter Natur. Denn zu den künstlichen Aromen gesellen sich die Geschmacksverstärker. Sie haben die Fähigkeit, den Eigengeschmack von Lebensmitteln zu intensivieren. Negativer Nebeneffekt: Sie machen hungrig. Wer einmal eine Tüte Chips aufmacht, kann nicht mehr aufhören. Denn Lebensmittlerdesigner haben so lange daran gebastelt, bis ihre Produkte zum Suchtmittel werden. Bleiben wir bei den Chips: Die Mischung aus dem würzigen Duft, der

TIPP

Joghurt mit echten Erdbeeren: Auf einen Becher Joghurt nehme ich mindestens fünf Erdbeeren. Joghurt in eine Schüssel geben, Erdbeeren waschen, trockentupfen, klein schneiden oder in einem Mixer pürieren, Erdbeerstückchen oder -püree vorsichtig unter den Joghurt heben.

luftig-krossen Konsistenz, der einladenden Farbe, dem knusprigen Geräusch und dem samtigen Geschmack verführen zum Weiteressen … bis die Tüte leer ist. Chips zergehen blitzschnell im Mund und machen mit ihrem raffinierten Mix aus Fett, Stärke und Salz süchtig nach mehr. Dazu kommen Geschmacksverstärker wie Glutamat, die ebenfalls den Appetit anregen. Auch das freut die Hersteller, denn dann verkaufen sie mehr.

Besonders gemein ist es, wenn man in einem Lokal das Glutamat heimlich untergeschoben bekommt. Mein Mann und ich mussten das auf unserer letzten Urlaubsreise in Andalusien erleben. In einer Strandbar bestellten wir den Klassiker: eine Paella. Mit Blick aufs Meer, Sonne auf der Haut und den Füßen im Sand schmeckte die Reispfanne doppelt so lecker. Erst spät am Abend ging uns allerdings ein Licht auf, als wir beide putzmunter im Bett lagen und nicht einschlafen konnten. Wir waren total aufgedreht: für mich ein typisches Indiz, dass Glutamat im Spiel war. Es ist eine ungute Erfahrung, so getäuscht zu werden. Auch in unserer Heimatstadt München mussten wir diese Erfahrung schon

einige Male machen. Lokale, in denen Glutamat beigemischt wird, sehen uns jedoch nie wieder.

Es gibt allein 28 derzeit von der Europäischen Union zugelassene Geschmacksverstärker: Aromen, Farbstoffen, Antioxidationsmittel, die Qualitätsverluste durch Sauerstoff verhindern, Backtriebmittel, die den Teig luftig machen (und den Bauch zum Luftballon aufblähen), Füllstoffe für mehr Volumen, Süßungsmittel, die ganz ohne Zucker süßen etc. Eine Übersicht mit allen Stoffen findet sich im Internet unter www.zusatzstoffe-online.de/zusatzstoffe.

Functional Food für Feinschmecker?

Unter dem Stichwort »Functional Food« verkaufen Hersteller inzwischen Lebensmittel, die mit zusätzlichen Stoffen wie Vitaminen, Folsäure, Omega-3-Fettsäuren oder Milchsäurebakterien angereichert sind und so für die Gesundheit nützlich sein sollen. Klar, dass dieser Zusatznutzen seinen Preis hat. Doch all das brauchen wir überhaupt nicht. Sparen Sie sich das Geld für die wirklich guten Produkte, denn das beste Functional Food liefert die Natur in Form von Obst, Salat und Gemüse.

Mineralstoffe, Vitamine, Enzyme, Spurenelemente und Ballaststoffe sind entscheidend für unser Wohlbefinden und unsere Gesundheit. Sie sorgen dafür, dass Stoffwechselvorgänge optimal ablaufen und Zellen sowie Organe funktionieren können. Das Schlüsselwort heißt hier »Bioverfügbarkeit«. Der sehr technische Begriff beschreibt, wie schnell und in welchem Umfang unser Körper einen Nährstoff aufschlüsseln und bereitstellen kann. Obst, Salate und Gemüse liefern uns alle wichtigen Nährstoffe im Überfluss. Während niemand Gefahr läuft, sich beim Verzehr der Naturprodukte eine gefährliche Überdosis an Vitaminen oder anderen Nährstoffen einzuverleiben, besteht die Gefahr beim künstlichen Functional Food sehr wohl. Studien belegen längst, dass die Kunstvitamine schädlich sein können. Denn künstlich nachgebaute und natürliche Vitamine sind nicht identisch. Obst, Salate und Gemüse liefern nicht nur die lebensnotwendigen Nährstoffe, sondern auch Enzyme, die der Körper braucht, um die Nährstoffe zu verarbeiten. Mit diesen Helfern gelangen Vitamine & Co. kontrolliert ins Blut und dann zu ihrem Bestimmungsort. In den Functional-Food-Produkten fehlen diese Helfer.

Schon der Einkauf zählt

Auch bei frischen Produkten können die Hersteller ihre Finger im Spiel haben. Insofern lohnt es sich auch hier, sich ausführlich und kontinuierlich zu informieren – statt nur auf Gewohntes oder Billiges zurückzugreifen.

Einheitstomate oder Gourmet-Paradeiser?

Ein gutes Beispiel ist die Einheitstomate. Bei der Massenware bevorzugen Hersteller nur die wenigen Sorten, die zu einer bestimmten Zeit reifen, gut zu transportieren sind und währenddessen nachreifen. Geschmack ist Nebensache. Wenn der Preisdruck steigt, wird die Ware zwar immer billiger, aber auch immer schlechter. Und daran sind nicht nur die Hersteller schuld. Käufer honorieren mit niedrigpreisigen Lebensmitteln nicht den Bauern, der etwas Besonderes anbietet, sondern denjenigen, der am billigsten produziert.

Allein bei den Tomaten gibt es eine Auswahl, die viele gar nicht kennen. Seit der ersten Kultivierung wurden weltweit über 10 000 (!) Tomatensorten entwickelt. Sie können riesig groß sein wie Ochsenherzen – so auch der Name der großen, fleischigen Tomate – oder ganz klein wie Preiselbeeren. Die Farbpalette reicht von weiß, gelb, orange, rosa, rot, braun,

GOURMET-TIPP

Ofentomaten: Sommeraroma pur! In getrockneten Tomaten steckt potenziertes Aroma – der Sterne-Kick für Saucen, Salate oder Pasta. Dafür vollreife Tomaten blanchieren, häuten, vierteln und entkernen. Ein Blech mit etwas Knoblauch und Öl einreiben und mit einer Prise Zucker, Salz, Pfeffer bestreuen. Darauf Tomaten eng aneinanderlegen, dünne Scheiben von Knoblauchzehen, grob zerpflückten Rosmarin, Thymian und Basilikum darüber verteilen und alles mit Öl beträufeln. Im 50 Grad warmen Ofen fünf Stunden trocknen. Zugedeckt im Kühlschrank halten die »Ovendried Tomatoes« eine gute Woche.

violett oder schwarz bis zu mehrfarbig gestreift oder gemustert. Tomaten können rund, lang, oval oder birnenförmig sein. Vor allem aber schmeckt jede anders. Ein Salat aus verschiedenen Sorten wird so zum sensorischen Genuss. Wer einmal ins österreichische Burgenland kommt, sollte einen Besuch bei Erich Stekovics einplanen. Er baut rund 3 000 Sorten Paradeiser (auf Deutsch: Tomaten) an, dazu 300 Chili- und Paprikasorten sowie eine große Vielfalt an Gurken. Da staunen selbst Gourmets.

Tierhaltung trifft Fleischqualität

Was beim Gemüse die Wassertomate ist, sind bei Eiern die Ergebnisse aus Legebatterien oder beim Geflügel die Opfer aus Masthähnchenfabriken. Wer gutes Fleisch essen möchte, braucht dafür glückliche Tiere, die artgerecht gehalten wurden und ein vergnügtes Leben führen konnten. Ihr Fleisch schmeckt am Ende nur fein und zart, wenn Tiere vor der Schlachtung keinen Stress haben. Denn auch Tiere werden von Stresshormonen überschwemmt, wenn es ihnen nicht gut geht oder sie Todesangst haben. Wer adrenalingeschwängertes Fleisch von gestressten Tieren später in der Pfanne brät, braucht sich nicht wundern, wenn das Schnitzel schrumpft, zäh und trocken wird. Mit jeder Kaufentscheidung treffen wir freiwillig eine Wahl, die Produzenten, Tiere und uns selbst beeinflusst.

Salz ist nicht gleich Salz

Salz ist eines der wichtigsten Würzmittel und besser als sein Ruf. Denn Salz ist nicht ungesund, wie oft behauptet wird. Nur Verliebte sollten besondere Vorsicht walten lassen. Denn eine Nuance zu viel verdirbt den Geschmack. Aber wer glaubt, Salz ist gleich Salz, irrt. Wie im Wein hinterlässt der Ursprungsort Geschmacksspuren auch im Salz. Rund 10 000 Geschmacksknospen auf der Zunge reagieren nicht nur höchst sensibel auf den Unterschied zwischen Zucker und Salz. Sie erkennen auch die Vielfalt der Aromen, die in verschiedenen Salzsorten steckt.

Wer z. B. auf dem Flughafen von Ibiza landet, sieht beim Anflug die Salinas: künstliche Becken, in denen **Meersalz** geerntet wird, sobald das Wasser durch Sonne und Wind verdunstet ist. Mineralien aus dem Meer verleihen diesem Salz seinen besonderen Geschmack. Meersalz würzt Suppen, Saucen und Wasser, in dem Gemüse, Pasta oder Reis gekocht wird. Der Kilopreis liegt zwischen 5 und 13 Euro.

Doppelt so teuer ist **Fleur de Sel**. Für die »Blüte des Salzes« werden aus Becken in Frankreich und Portugal nur die Kristalle auf der Wasseroberfläche geerntet. Sie enthalten mehr Magnesium und Jod. Deshalb ist dieses Meersalz milder und schmilzt auf der Zunge ohne bitteren Nachgeschmack. Ein perfektes Tafelsalz, das jedoch nicht in den Salzstreuer, sondern in ein Schälchen aus Holz oder Ton gehört, damit es trocken bleibt.

Ein Überbleibsel der Urmeere, die vor Millionen von Jahren durch Wind und Sonne ausgetrocknet sind, ist das **Steinsalz**. Es wird in unterirdischen Stollen abgebaut. Mineralien aus dem Grundwasser in der Tiefe verfeinern das Salz. Es ist salziger als Meersalz und würzt intensiver – man schmeckt den Unterschied, wenn die weißen Salzkristalle auf der Zunge zergehen.

Himalaya-Salz ist ein Steinsalz aus dem Bergmassiv in Pakistan. Es ist in Reformhäusern und Apotheken erhältlich. Angebliche Heilsversprechen wie ewige Jugend und Gesundheit schlagen sich nur im Preis nieder: ab 20 bis zu 95 Euro pro Kilo. Heimisches Steinsalz ist genauso gut, kostet aber nicht mal ein Zehntel. Besonders gut ist das Meersalz Sal Martins aus Portugal. Es ist nicht so salzig, schmeckt mild und hat ein feines Aroma. Man braucht aber etwas mehr davon zum Würzen.

In den meisten Küchen ist jedoch nur **Siedesalz** zu finden. Das Kilo kostet weniger als einen Euro, es ist somit das billigste Salz. Und so schmeckt es auch! Auf der Verpackung heißt es Tafel-, Speise- oder Markensalz. Es stammt aus unterirdischen Solen. Die Quellen werden hochgepumpt und verdampft, um an das Kochsalz in den Mineralwässern zu kommen. Auf Zusätze wie Rieselhilfen und Trennmittel im Salz können Gourmets jedoch getrost verzichten.

Gewürze & Kräuter liefern den Kick

Es gibt so viel mehr Gewürze als Salz, Pfeffer, Chili oder Paprika. Hier lohnt es sich herumzuprobieren. Die meisten Gewürze liegen nach der Ernte in der Sonne zum Trocknen und werden dabei von Keimen befallen. Ein Frischetest bei gemahlenen Gewürzen entlarvt: Klumpt das Pulver, wenn man das Glas dreht, ist das Gewürz bereits befallen und sollte weggeworfen werden. Wer Gewürzkörner im Ganzen

Küchenkräuter wie Schnittlauch oder Dill bleiben länger frisch, wenn sie kühl und feucht lagern. Wickeln Sie die gewaschenen Kräuter in ein feuchtes Küchenkrepp und in eine zweite straffe Hülle aus Klarsichtfolie. Im Kühlschrank hält diese »Kräuterroulade« viele Tage. Die Wickeltechnik hilft auch beim Schneiden: Man rollt dafür Folie und Krepp am Ende nur zwei Fingerbreit hoch.

kauft und erst bei Bedarf im Mörser zerkleinert, senkt das Risiko und gewinnt mehr Aroma.

Während die Nahrungsmittelhersteller auf künstliche Geschmacksverstärker setzen, sollten Sie auf Naturprodukte zurückgreifen. Kräuter verfeinern jedes Essen. Neben den deutschen Küchenklassikern Petersilie und Schnittlauch lohnt es sich auch, Basilikum, Majoran, Oregano, Koriander, Dill, Estragon, Salbei, Thymian, Rosmarin oder Minze zu verwenden.

Gemeinsamer Genuss statt einsamer Frust

Für viele ist der Dreiklang aus einkaufen, kochen und essen eine ziemlich komplizierte Sache geworden, und sie resignieren nach dem Motto: »Ist eh alles egal.« Am Geld kann es nicht liegen, weil Junkfood und Fertiggerichte auch nicht immer billig sind, sondern häufig nur so tun. Dann liegt es an der Zeit? Wer tagsüber arbeitet, hat kaum Zeit und Energie zum Einkaufen und Kochen. Aber ist das wirklich so? Was spricht dagegen, am Wochenende einen Essensplan für die nächsten Tage aufzustellen und dann die Vorräte einzukaufen? Was hindert daran, auf einen Markt zu gehen, sich an den Herd zu stellen und dann gemeinsam mit der Familie

oder Freunden zu essen? Fast jeder Haushalt verfügt heute über ein Gefrierfach oder eine Kühltruhe. Warum nicht eine doppelte Portion kochen und für stressige Tage einfrieren? Dagegen spricht nichts beim **GOURMET-PRINZIP**.

Bleibt noch die Schlüsselfrage: Wer kocht für die anderen? Gegenfrage: Warum nicht gemeinsam kochen? Das macht garantiert mehr Spaß, als nebeneinander vor dem Fernseher zu sitzen. Und zusammen frühstücken ist ein besserer Start in den Tag als ein gekaufter Snack unterwegs. Dass sich damit auch noch schlemmen und abnehmen lässt, stellt alles andere in den Schatten.

Die Portionen: All you can eat?

Noch ein Wort zu den Portionen. Alle Angaben in unseren Rezepten dienen als Richtwert. Wir möchten Ihnen nicht vorschreiben, wie viel Sie essen sollen. Aber bedenken Sie, dass viele Menschen Riesenportionen mittlerweile als völlig normal ansehen. Im Laufe der Jahre sind die Portionen immer größer geworden. Inzwischen essen wir mehr als notwendig. Schuld daran sind abgepackte Lebensmittel und Getränke in XXL-Größe. Wer ins Kino geht, kann diesen Effekt beobachten. Gab es Popcorn früher in kleinen Tüten, schleppen Teenager heute ganze Pappeimer davon in den Kinosaal. »Portion distortion« heißt in den USA das Phänomen, das die gestörte Wahrnehmung von Mengen beschreibt: Was früher normal war, gilt heute als mini. Die Maxime »Supersize« hat Portionen und Verpackungen wachsen lassen – leider damit auch den Hunger. Hatte eine normale Portion Pommes vor 50 Jahren noch 200 Kalorien, sind es heute 610. Nach dem Motto: »Ein bisschen mehr fürs Geld« haben Hersteller und Restaurants unseren Appetit still und leise um 30 Prozent gesteigert. Es besteht ein Zusammenhang zwischen der dramatischen Gewichtszunahme und den immer größeren Lebensmittelportionen.

Schlankgeheimnis
Muskeln

Unsere Vorfahren liefen auf der Suche nach Nahrung täglich bis zu 40 Kilometer. Wir hingegen sitzen heute den ganzen Tag: im Auto, am Schreibtisch, auf der Couch – das Essen stets griffbereit. Aber der Jäger und Sammler steckt uns immer noch in den Genen und wartet nur darauf, wieder erweckt zu werden.

Gourmets
pflegen ihren Körper

Was Stubenhocker nicht ahnen: Sie büßen jährlich 250 Gramm Muskelmasse ein. Klingt läppisch? Dieser 250-Gramm-Verlust bedeutet, dass wir pro Tag 50 Kalorien weniger verbrennen. Das ist der unerwünschte Nebeneffekt, wenn Muskeln sich dünne machen: Der Kalorienverbrauch sinkt. Deshalb nehmen Bewegungsmuffel im Schnitt bis zu zwei Pfund jährlich zu – auch wenn sie ihre Ernährung nicht verändern.

Ein weiteres Verhängnis: Mit zunehmendem Alter verlieren wir automatisch Muskelmasse. Denn mit dem Alter wandeln sich Muskelzellen allmählich in Fettgewebe um. Und mit jeder Diät wird dieser Effekt noch verstärkt. Der Jo-Jo-Effekt verzehrt noch zusätzliche Muskeln. Gegen diese Gemeinheiten hilft nur eins: mehr Bewegung, Kraft und Ausdauer – dann klappt's auch mit dem Abnehmen.

Die tragende Rolle der Kraftpakete

Über sechs Millionen Mal wurde im Mai 2013 ein Video auf YouTube angeklickt: Der Astronaut Chris Hadfield hatte kurz vor seinem Rückflug von der Raumstation ISS zur Erde den David-Bowie-Song »Space Oddity« abgespielt. Das coole Video mit den Bildern aus dem All und einer Gitarre, die schwerelos durch das Raumschiff schwebt, machte den Kanadier weltberühmt. Dagegen fand die eigentliche Rückkehr der ISS-Raumstation Mitte Mai 2013 nur noch als Randnotiz in den Nachrichten statt. Als Hadfield und seine Crew in einer Sojus-Kapsel in der kasachischen Steppe gelandet waren, musste das russische Bergungsteam die drei Raumfahrer tragen. Nach fünf Monaten in der Schwerelosigkeit hatten die Muskeln der Crewmitglieder keine Kraft mehr, den eigenen Körper zu stemmen. Aus gut trainierten Astronauten sind in kurzer Zeit hilflose Männer geworden. Unglaublich, oder?

Manche Couch-Potato, die ihr Leben eher sitzend oder liegend verbringt, kennt diesen Effekt. Die Schwerkraft zwingt einen, wie festgenagelt sitzen zu bleiben. Denn fehlende Bewegung lässt die Muskeln leider schmelzen. Nur sieht die schwindende Muskelkraft bei einem Astronauten im All irgendwie besser aus. Ich bin mir sicher, dass Astronauten nach ihrer Rückkehr sofort mit einem umfangreichen Fitnessprogramm starten, um die verlorenen Muskeln wieder aufzubauen.

Wir müssen nicht ins All fliegen, um Muskeln zu verlieren. Bewegungslosigkeit auf unserem Planeten reicht völlig. Es ist schon sehr verführerisch, so ein Leben nach dem Mikado-Motto: Wer sich zuerst bewegt, hat verloren. Warum Treppensteigen, wenn es einen Aufzug gibt? Warum zu Fuß gehen oder das Fahrrad herausholen, wenn das Auto vor der Tür steht? Muskeln spielen in unserem Leben kaum noch eine tragende Rolle. Dabei sind die Kraftpakete unseres Körpers nicht nur für eine sexy Statur verantwortlich. Sie sind für unsere Leistungsfähigkeit, unsere Gesundheit und unseren Kalorienverbrauch unverzichtbar.

Gourmets verbringen ebenfalls viel Zeit im Sitzen – und zwar am Tisch beim Essen. Gutes Essen, am liebsten in netter Gesellschaft, bedeutet Körperglück pur. Jede Faser wird

Raus aus der Komfortzone: Über den Tag gesehen können Sie mit vielen kleineren Aktivitäten fast genauso viel für Ihre Linie tun wie mit einer Joggingrunde von 20 bis 30 Minuten.

umherzustreifen. Kilometerweit laufen, suchen, auflauern, jagen, erlegen – das hat mehr Kalorien verbrannt als eine Stunde Joggen. Unser heutiges Jagdgebiet, der Supermarkt, hat dagegen überschaubare Ausmaße. Uns fliegen die gebratenen Tauben ja quasi direkt in den Mund. Das Einkaufen und Backen einer Tiefkühlpizza kostet vermutlich nicht mal 100 Kalorien, schlägt aber mit über 1 000 zu Buche. Wenn wir wollen, kommen wir modernen Menschen fast ohne jede Bewegung durch den Tag.

Aber der Jäger und Sammler steckt noch in unseren Genen und jault auf bei jedem Schritt, den wir nicht tun. Wir sind Weltmeister der Bewegungsvermeidung, und es geht rapide bergab mit Figur und Fitness, inzwischen sogar schon bei den Jüngsten. Selbst der Nachwuchs praktiziert den Sitzmarathon. Kinder sitzen in der Schule, danach stunden-lang vor dem Computer oder der Glotze, Chips und Soft-drinks stets griffbereit.

Das **GOURMET-PRINZIP** hilft auch hier mit Rat und Tat. Warum die Pausen zwischen den leckeren Mahlzeiten nicht aktiv überbrücken? Ein bewegtes Leben ist zu jeder Zeit möglich: Statt Rolltreppe oder Aufzug lässt sich immer auch die Treppe benutzen. Statt mit dem Auto zu fahren, lassen sich viele Strecken zu Fuß oder mit dem Fahrrad bewältigen. So kommen Sie mit mehr Aktivität aus der Komfortzone.

Kleine Trainingseinheiten ohne großen Aufwand

Für alle, die sich nur schwer aufraffen können: Sie können Ihre Ausdauer ganz einfach nebenbei trainieren. Es genügt schon, viel zu Fuß zu gehen oder mit dem Rad zu fahren, in kleinen Portionen von jeweils mindestens zehn Minuten. Wer so mehr Bewegung in seinen Alltag bringt, sammelt seine Trainingseinheiten ohne großen Aufwand. Das sollte für jeden zu schaffen sein.

davon erfüllt. Und da Feinschmecker auf diesen Genuss auch in Zukunft nicht verzichten wollen und keine Vorliebe für homöopathisch dosierte Mahlzeiten haben, achten sie auf ihren Körper. Zum Schlemmen gehört auch Schwitzen: nicht beim, aber mindestens einmal am Tag vor oder nach dem Essen. Die Vorräte nach Hause schleppen und den Kochlöffel schwingen reicht leider nicht. Es darf schon ein bisschen mehr sein, wenn es um Bewegung geht. Sport hält den Kalorienverbrauch am Laufen und den Körper in Form – ein unschätzbarer Wert für alle, die gerne essen und mit Diäten nichts im Sinn haben.

Rolltreppe ade – alltagsaktiv aus der Komfortzone

Falls Sie (noch) zur Spezies der Energiesparer, sprich Bewegungsvermeider zählen, sollten Sie sich an Ihre Vorfahren erinnern. Die Jäger und Sammler waren es gewohnt, auf der Suche nach etwas Essbarem stundenlang

67

Ein Schrittzähler kann dabei helfen, die eigene Bewegung zu überwachen. Das motiviert sehr! Ziel wären 10 000 Schritte pro Tag, aber das ist sehr ambitioniert. Klein anfangen heißt die Devise. Wer bisher nur 1 000 Schritte gemacht hat, für den sind 1 500 Schritte schon mal ein Anfang. Die kleinen Geräte für die Hosentasche gibt es schon ab 20 Euro, online findet sich beispielsweise eine große Auswahl.

Außerdem gibt es überall Trainingsmöglichkeiten. Während Sie telefonieren, können Sie mit Wandsitzen Ihre Oberschenkel festigen. Wie das funktioniert, erfahren Sie im nächsten Abschnitt. Einsteiger können diese Position anfangs meist nur für 20 Sekunden halten. Aber die regelmäßige Übung macht schnell den Meister und feste Oberschenkel. Wer das Wandsitzen einmal täglich übt, schafft es bald, fünf Minuten durchzuhalten. Auch das Zähneputzen kann zum morgendlichen Fitnesstraining genutzt werden: Wenn Sie sich im Einbeinstand die Zähne putzen, ohne sich am Waschbecken festzuhalten, verbessern Sie damit allmählich Ihr Gleichgewicht und festigen Bänder und Sehnen, die wiederum die Balance stabilisieren.

Der Klassiker unter den Ausreden, »ich habe einfach keine Zeit«, ist natürlich glatt gelogen. Im August 2013 präsentierte die Stiftung für Zukunftsfragen eine Studie zum Freizeitverhalten der Deutschen. Für den sogenannten Freizeit-Monitor wurden 3 000 Personen ab 14 Jahren repräsentativ zu Freizeitverhalten und -aktivitäten sowie dem Anteil der tatsächlich freien Zeit pro Tag befragt. Dabei kam heraus, dass Fernsehen die mit Abstand häufigste Freizeitbeschäftigung der Bundesbürger bleibt. 96 Prozent aller Deutschen sehen regelmäßig fern. Weit abgeschlagen auf Platz 24 landete Sport. Und rund die Hälfte der Befragten gab an, überhaupt keinen Sport zu treiben. Wieso die üppige Zeit fürs Fernsehen nicht auch anderweitig nutzen?

Krafttraining für daheim

Mit diesem Kurzprogramm aus acht Übungen trainieren Sie die wichtigsten Muskelgruppen schonend, aber effektiv. Das Kurzprogramm eignet sich für Einsteiger genauso wie für Trainierte – und funktioniert sogar, während der Fernseher läuft!

Wandsitzen für die Oberschenkel

Diese scheinbar leichte Übung trainiert die Oberschenkel intensiv. Sie lehnen sich dazu mit dem Rücken an eine Wand, beugen die Beine und halten diese Stellung, so lange es geht. Wichtig: Zwischen Ober- und Unterschenkel und in der Leiste sollte ein rechter Winkel sein, dann ist die Position korrekt.

Ausfallschritt für Beine und Po

Diese Übung festigt Bein- und Pomuskeln. In der Ausgangsposition stehen Sie aufrecht, die Beine sind hüftbreit geöffnet. Jetzt machen Sie mit dem rechten Bein einen großen Schritt nach vorne, winkeln es an und gehen dabei mit dem linken Knie so tief hinunter, dass es fast den Boden berührt. Danach richten Sie sich wieder auf und kehren in die Ausgangsposition zurück. Anschließend wiederholen Sie den Ausfallschritt mit dem anderen Bein. Machen Sie die Übung, so oft Sie es schaffen. Wichtig: Beim vorderen Bein darf das Knie nicht weiter nach vorne gehen als der entsprechende Fuß, weil sonst das Kniegelenk zu stark belastet wird. Machen Sie den Schritt deshalb nur so groß, dass das Knie des vorderen Beins immer hinter dem Fuß bleibt.

Einsteiger, die anfangs noch mit dem Gleichgewicht kämpfen, können sich bei der Übung mit einer Hand an einer Wand abstützen.

Liegestütz für Schultern, Arme und Brust

Dieser Klassiker trainiert in erster Linie die Schulter-,
Arm- und Brustmuskulatur. Aber auch Rumpf- und
Beinmuskulatur werden dabei beansprucht. Legen Sie sich
bäuchlings auf den Boden. Stellen Sie die Hände neben der
Brust auf. Wichtig: Spannen Sie die Rückenmuskeln an,
damit kein Hohlkreuz entsteht, und drücken Sie sich dann
mit den Armen nach oben. Strecken Sie, oben angekommen,
die Arme nicht ganz durch und legen Sie sich beim Hinun-
tergehen nicht auf dem Boden ab, sondern halten Sie kurz
davor. Dann drücken Sie sich wieder nach oben. Starten Sie
mit drei Versuchen – wenn Sie bis zu 10 Wiederholungen
schaffen, umso besser.

Einsteiger machen die Liegestützen mit angewinkelten
Beinen, also den Knien auf dem Boden – durch den kürzen
Hebel fällt die Übung leichter. Fortgeschrittene üben mit
ausgestreckten Beinen.

Schulterbrücke für Rücken, Beine, Po und Rumpf

Diese Übung stärkt Rücken, Beine und Po und trainiert die
tiefliegenden Rumpfmuskeln. Legen Sie sich dazu auf den
Boden und stellen Sie die Füße vor dem Gesäß auf. Die Arme
liegen locker neben dem Körper, die Handflächen Richtung
Boden. Heben Sie nun das Becken an, bis der gesamte
Oberkörper eine diagonale Linie bildet. Wenn Sie sich in
dieser Position sicher fühlen, versuchen Sie, abwechselnd ein
Bein auszustrecken. Wichtig: Das Becken bleibt im Einbein-
stand gerade und kippt nicht zur Seite. Halten Sie die
Position 5 Sekunden, dann legen Sie das Becken wieder ab.
Wiederholen Sie die Übung bis zu 10-mal.

Crunches für den Bauch

Eine perfekte Übung für die Bauchmuskulatur. Legen Sie sich
auf den Rücken, stellen Sie die Füße auf den Boden und

Oben: Crunches für den Bauch
Mitte: Frontstütz für den ganzen Körper (Seite 70)
Unten: Schulterbrücke für Rücken, Beine, Po und Rumpf

Gourmets pflegen ihren Körper

winkeln Sie die Beine an. Strecken Sie die Hände senkrecht nach oben. Wichtig: Der Blick ist nach oben gerichtet, zwischen Brust und Kinn passt eine Faust. Der Kopf bewegt sich während der Übung nicht. Heben Sie nun mithilfe der Bauchmuskeln die Schulterblätter vom Boden ab und senken Sie diese dann wieder. Der Rücken sollte aber nicht wieder ganz in die Liegeposition zurück gelangen.

Um die Übung zu intensivieren, können Trainierte dabei die Beine angewinkelt oder gestreckt abheben.

Kraulen für den Rücken

Mit dieser Übung stärken Sie Ihren gesamten Rücken. Legen Sie sich bäuchlings auf den Boden und strecken Sie die Arme nach vorne aus. Dann beginnen Sie, mit den Armen abwechselnd auf und ab zu wippen. Der Oberkörper bleibt dabei auf dem Boden liegen, nur der Kopf ist leicht angehoben. Wichtig: Der Blick geht zum Boden. Dann nehmen Sie die Beine dazu und wippen mit den Füßen auf und ab, als würden Sie durch Wasser kraulen. Ziel ist es, 1 Minute lang zu »kraulen«.

Diagonale für Bauch und Rücken

Gehen Sie in den Vierfüßlerstand. Die Arme sind schulterbreit auseinander, die Handflächen auf dem Boden, die Finger zeigen nach vorne. Spannen Sie die Bauch- und Rückenmuskeln an. Der Rücken bleibt gerade und darf nicht durchhängen. Heben Sie nun das rechte Bein, strecken Sie es gerade nach hinten aus und strecken Sie dazu gleichzeitig den linken Arm nach vorne. Arm, Bein, Rücken und Kopf bilden jetzt eine Linie. Wichtig: Heben Sie also nicht den Kopf, sondern richten Sie den Blick auf den Boden. Finden Sie Ihr Gleichgewicht und versuchen Sie, diese Position mindestens 3 Sekunden zu halten. Wiederholen Sie die Übung dann mit dem linken Bein und dem rechten Arm.

Wer fit ist, kann nun in die Bewegung gehen. Beugen Sie den gestreckten Arm und das gestreckte Bein und bringen Sie das Knie und den Ellenbogen auf Nabelhöhe zusammen. Dazu wird der Rücken rund. Dann gehen Sie wieder in die Streckung und machen den Rücken gerade.

Frontstütz für den ganzen Körper (Bild Seite 69)

Sieht leicht aus, hat es aber in sich. Die Übung trainiert Ihre Ganzkörperspannung. Legen Sie sich bäuchlings auf den Bauch und stützen Sie sich dann auf den Unterarmen ab: Die Unterarme liegen dabei schulterbreit und parallel nebeneinander. Stellen Sie nun die Füße hüftbreit auf und heben Sie Ihren Körper an. Der Kopf bleibt unten, der Blick geht zum Boden. Wichtig: Po nicht nach oben strecken, den Rücken nicht durchhängen lassen. Die Position stimmt, wenn der Körper eine gerade Linie bildet. Spannen Sie alle Muskeln an, vor allem an Bauch und Po. Halten Sie die Position, solange Sie es schaffen. 1 Minute ist das Ziel. Wer sich fit fühlt, kann bei dieser Übung abwechselnd noch ein Bein anheben.

Den Schweinehund austricksen

Nichts nervt mehr als Gesundheitsapostel, die ständig an unser Gewissen appellieren. Bewegungsmuffeln bereitet ja schon die Vorstellung, den Po hochzukriegen und schwitzend durch die Pampa zu rennen, Höllenqualen. Gesundheit zieht nicht als Argument. Außerdem kostet jeder Sport mit Übergewicht auch mehr Kraft und Überwindung. Wenn es überhaupt Gründe für den Startschuss in ein »bewegtes« Leben geben kann, sind das der Spaßfaktor und der aufrichtige Wunsch nach Veränderung. Wenn die guten Momente dabei überwiegen, lassen sich auch Couch-Potatos mitreißen. Auch wenn Sie schon den dringenden Wunsch nach einem bewegten Leben verspüren, müssen Sie sich noch mit einem hartnäckigen Saboteur auseinandersetzen. Der innere Schweinhund kennt Mittel und Wege, Sie auf der Couch festzuhalten: Ach, zum Sport geh ich morgen, heute ist es ja so gemütlich, außerdem hatte ich einen stressigen Tag, man soll ja nichts übertreiben, in der Ruhe liegt die Kraft etc. Sie kennen die Ausreden. Zum Glück gibt es diverse Betäubungspfeile, die jeden Schweinehund schlafen legen.

Mentales Training: Auch das Gehirn ist ein Muskel

Träumen Sie die ersten Tage erst einmal nur vom Sport: Halten Sie mehrmals am Tag inne, schließen Sie die Augen und stellen Sie sich das Fitnesstraining mit Genuss vor. Versuchen Sie, die anregenden Bilder tief in Ihrem Gedächtnis zu verankern: wie Sie gut gelaunt durch den Wald joggen, mit dem Rad um den See fahren, den Tennisball gekonnt übers Netz schlagen oder die Hanteln stemmen … und Ihre Muskeln wachsen. Wählen Sie für die Tagträume Sportarten, die zu Ihnen passen könnten. Das Schwierigste fürs Gehirn ist es, alte Gewohnheiten abzulegen, sprich die geliebte Couch zu verlassen und sich ein wenig zu »quälen«.

Aber das menschliche Gehirn lässt sich wie ein Muskel trainieren. Spitzenathleten arbeiten mit ihren mentalen Fähigkeiten genauso wie mit ihrem Körper. Sie programmieren damit den Glauben an sich und ihr Können. Beim mentalen Training visualisiert der Sportler seine Bewegung. Er probt vor seinem geistigen Auge, was er später wirklich tun möchte, bis es zur Selbstverständlichkeit wird. Mit der Zeit verfestigt sich dann der Wunsch, den Traum in die Tat umzusetzen, sodass Sie sich wirklich aufraffen. Probieren Sie es aus! Es funktioniert. Nur sollte das Träumen nicht mehrere Monate dauern!

Die richtige Sportart

Wenn Sie sich dann endlich aufgerafft haben, folgt das Ausprobieren: Testen Sie verschiedene Sportarten, bevor Sie sich festlegen. Das Training muss Freude machen, sonst halten Sie nicht durch. Manche lieben es, an Kraftmaschinen zu trainieren. Für andere ist das stumpfsinnig. Manche laufen gerne, andere setzen sich lieber aufs Rad oder skaten über den Asphalt. Es gibt so viele verschiedene Möglichkeiten, da findet jeder etwas, das Spaß macht.

Falls Disziplin nicht Ihre stärkste Seite ist, dann setzen Sie auf Teamwork und finden Sie Trainingspartner. Wenn einer eine Flaute hat, zieht der andere ihn mit. Auch die Gruppendynamik in einem Fitnessstudio hilft. Hier sind gewisse Gewohnheiten von Vorteil: Machen Sie feste Termine, denn es trainiert sich leichter nach Plan, an bestimmten Wochentagen und zu festen Zeiten. Und gehen Sie direkt von der Arbeit zum Sport. Wer erst mal auf der Couch liegt, rafft sich schwerer wieder auf.

Noch mehr Motivationsgründe für sie und ihn

Fett verbrennt nur in einem einzigen Organ: in der Muskulatur. Muskeln sind unsere Verbrennungsöfen. Herzstück in den Muskelzellen sind die Mitochondrien. Nur in diesen körpereigenen Kraftwerken kann Fett verbrannt werden. Jede Muskelzelle arbeitet also wie ein kleines Kraftwerk, das ständig Energie verbraucht, sogar im Ruhezustand und in der Nacht. Jeder Verlust an Muskulatur ist mit einer Verschlechterung der Fettverbrennung verbunden. Umgekehrt verbrennt mehr Muskelmasse natürlich auch mehr Energie. Und körperliche Aktivität bremst außerdem den unerwünschten Umwandlungsprozess der Muskel- in Fettzellen.

Durch die Zunahme der Muskelmasse kommt es also zu einer verbesserten Fettverbrennung. Interessant dabei ist der Nachbrenneffekt. Direkt nach einem intensiven Ausdauertraining werden zusätzlich bis zu 15 Prozent verbrannt. Denn dann ist die Eiweißverwertung im Körper

Geteiltes Leid ist halbes Leid: Sport in der Gruppe macht nicht nur mehr Spaß – auch bei Motivationsflauten ziehen einen die Trainingspartner einfach mit.

besonders aktiv – wobei dieser Prozess nach einem Intervalltraining intensiver abläuft als nach einem langsamen Lauf im Wohlfühltempo.

Extra Motivation für ihn: Die Fettverbrennung ist ein Vorteil, aber Sport bringt noch mehr Benefits. Bei etwa jedem dritten bis vierten gesunden Mann ab 40 Jahren liegen reduzierte Testosteronwerte vor. In der Urologie wird Testosteron gelegentlich substituiert, um damit den Problemen des »alternden« Mannes zu begegnen. Doch die Testosteronproduktion lässt sich auch auf natürliche Weise steigern – nämlich durch Sport. Alle Ausdauersportarten mit einer Dauer von ca. 45 Minuten sind perfekt, um den Hormonhaushalt anzukurbeln, heißt es in einer Mitteilung der Deutschen Gesellschaft für Urologie. Die Botschaft sollte Männerherzen erfreuen: Mit guten Testosteronwerten fühlt man(n) sich frischer, dynamischer und schläft besser – und auch die Libido profitiert davon. Mehr Testosteron bedeutet nicht nur mehr Leistung und Virilität, sondern auch besseren Sex.

Extra Motivation für sie: Sport wirkt sich bei Frauen ebenfalls sehr positiv auf den Hormonhaushalt aus. Er hilft bei Wetterfühligkeit und gegen Menstruationsbeschwerden, da die Beckenmuskulatur besser durchblutet wird und sich entspannt. Während und nach der Schwangerschaft mobilisiert Sport die Rückbildung. Frauen, die während der neun Monate und nach der Entbindung Sport treiben, verarbeiten die Folgen von Schwangerschaft und Geburt besser und erholen sich schneller. Zahlreiche Studien haben gezeigt, dass Bewegungsmangel Beschwerden während der Wechseljahre sogar verschlimmern kann. Sportliche Bewegung kann diese Probleme nicht nur lindern – häufig verhindert Sport auch, dass sie überhaupt auftreten. Osteoporose ist ein Problem, das nach den Wechseljahren auftreten kann, wenn sich Frauen zu wenig bewegen. Sport bremst nicht nur den Knochenabbau, sondern fördert vielmehr die Knochenneubildung. Bei Frauen sinkt durch körperliche Aktivität auch der Östrogengehalt – und damit das Risiko, an Brustkrebs zu erkranken. Bereits eine halbe Stunde Bewegung täglich kann das Brustkrebsrisiko fast um die Hälfte senken.

Extra Motivation für alle: Auch die Wahrscheinlichkeit, Darmkrebs zu bekommen, reduziert sich um die Hälfte, haben Wissenschaftler festgestellt. Denn durch Muskelaktivität wird verstärkt ein Hormon namens Interleukin-6 ausgeschüttet. Das wiederum aktiviert die weißen Blutkörperchen, auf denen unser gesamtes körperliches Abwehrsystem basiert. Erreger und Fremdstoffe werden so besser erkannt und bekämpft. Darüber hinaus haben Untersuchungen ergeben, dass regelmäßiges Training vor depressiven Verstimmungen schützt und auch als Behandlung gegen Depressionen wirkt. Wenn Sie das alles gelesen haben, sollten Sie einsehen: Jede Widerrede ist zwecklos – das sportliche »Martyrium« kann ab sofort beginnen.

Eine Frage der Dosis

… auch beim Sport! Gar nichts oder zu wenig bringt nichts. Zu viel Sport bringt aber genauso wenig! Wer untrainiert anfängt und sich überanstrengt, lebt gefährlich. Sich nur einmal pro Woche völlig auszupowern belastet Herz, Kreislauf und Gelenke. Routine und Regelmäßigkeit sind gesünder und führen auch schneller zum Ziel. Zuerst müssen Sie also eine Ausdauergrundlage schaffen. Für untrainierte Einsteiger ist Radfahren ideal. Wer aber schon den ganzen Tag sitzt, möchte das nicht auch noch beim Sport tun. Hier empfiehlt sich der Crosstrainer: Darauf trainieren Sie im Stehen. Die Beine treten die Pedale des Crosstrainers, während die Arme gleichzeitig im Wechsel die Griffe ziehen oder drücken. Das Ellipsentraining beansprucht alle Muskeln, verbessert die Ausdauerleistung und kurbelt die Fettverbrennung an. Der Crosstrainer ist auch ideal für alle, die mit Übergewicht kämpfen: Weil beide Füße stets Bodenkontakt haben, ist das Training gelenkschonend.

Wer Laufen möchte, sollte mit strammem Gehen bzw. Nordic Walken beginnen. Dies lässt sich gut bei einem Abendspaziergang oder auf dem Laufband anstellen. Bei einer Geschwindigkeit von vier bis sechs Kilometer pro Stunde sollte die Pulsfrequenz zwar deutlich ansteigen, aber eine Unterhaltung immer noch möglich sein. Die Geschwindigkeit ist richtig, wenn auf vier Schritte ein- und auf vier Schritte ausgeatmet wird.

Beim Training ist nämlich wichtig, dass den Muskeln ausreichend Sauerstoff zur Verfügung steht – nur so können sie Fette verbrennen. Wer beim Laufen, Schwimmen oder Radfahren trainiert, ohne dabei komplett aus der Puste zu geraten, kurbelt die Fettverbrennung an. Und dass diese erst nach 30 Minuten einsetzt, stimmt nicht. Der Fettstoffwechsel ist nahezu immer aktiv – auch beim Sport – allerdings ist er bei Untrainierten noch weniger effektiv als bei Trainierten. Bei Untrainierten dominiert anfangs noch der Zuckerstoffwechsel, während Trainierte beim Sport sofort mehr Fette als Zucker verbrauchen. Aber der Körper stellt sich mit einem regelmäßigen Training schnell um!

Straff sein heißt stark sein. Dazu braucht es eine kräftige Muskulatur und Körperspannung. Schlaff sein heißt, dass der Muskeltonus im Ruhezustand zu niedrig ist. Mit gezieltem Training gewinnt der Muskel an Volumen. Das funktioniert wie bei einer ausgetrockneten Pflanze: Sie richtet sich wieder auf, wenn sie Wasser bekommt. Und das passiert mit jeder Muskelzelle, wenn sie durch Anstrengung aktiv werden muss. Das Plus: Die Anstrengung setzt intensive Reize und stimuliert so die Körperzellen – sie brauchen diesen »Stress«. Unsere Körperzellen müssen immer wieder an ihre Grenzen gebracht werden, um sich positiv weiterentwickeln zu können. Zellen, die nicht stimuliert werden, degenerieren. Lohnt sich diese Quälerei? Ja, denn schon nach einem Monat Training gibt es messbare Veränderungen. Die Fitness verbessert sich, der Körperfettanteil sinkt, die Muskelmasse wächst.

Der Startschuss

Wer jetzt noch zögert, ist selber schuld. Bei den vielen Sportmöglichkeiten kann jeder das Richtige für sich finden. Überwinden Sie sich, machen Sie feste Termine für Ihr Sportprogramm und legen Sie los. Viermal die Woche wäre perfekt. Und ich verspreche Ihnen: Nach einem Monat hat sich die Gewohnheit fest im Unterbewusstsein verankert und gehört zum täglichen Leben – Ihr Körper hat sich an die ungewohnte Quälerei gewöhnt und will nicht mehr darauf verzichten. Er lechzt danach, und es drängt Sie von selbst zum Sport! Sie müssen nur etwa vier Wochen durchhalten, und die Couch-Potato ist Vergangenheit.

Schlankgeheimnis
Entspannung

Stress gehört fast schon zum guten Ton. Aber die Dauer-
belastung schadet der Gesundheit – und Stress kann
auch dick machen. Deswegen gehört Entspannung zum
GOURMET-PRINZIP. Feinschmecker wollen genießen, da
ist kein Platz für Hektik.

Stress oder Strass –
was steckt dahinter?

»Stress? Ich kenne nur Strass«, lautet ein Zitat von Modeschöpfer Karl Lagerfeld. Der Tausendsassa arbeitet ununterbrochen – und scheint dabei völlig entspannt zu sein. Wie sein Anti-Stress-Programm abläuft, hat er leider noch nicht preisgegeben. Meines heißt: meinem Mann beim Kochen zusehen. Während er das Gemüse schnippelt, das Fleisch brät, im Topf rührt und Saucen abschmeckt, vergesse ich den Alltag komplett. Ob all die Wohlgerüche, die mir da in die Nase steigen, mein ratterndes Hirn ausschalten? Ich weiß es nicht, aber als Entspannungsmethode funktioniert es einwandfrei. Mein Part in unserer Küche beschränkt sich auf kleinere Hilfsdienste und das Abschmecken. »Fehlt noch was?«

Gelegentlich überfällt mich auch das schlechte Gewissen, weil ich so gar nichts zu unserem leiblichen Wohl beitrage. Dann versuche ich, ohne Auftrag seinen Arbeitsbereich aufzuräumen. Aber spätestens wenn er empört ruft: »Wo ist mein Messer?«, das ich längst abgespült und wieder in die Schublade gesteckt habe, lasse ich davon ab. Meine gut gemeinten Handgriffe kommen nicht immer gut an, sondern bringen meinen bis dahin völlig entspannten Koch ziemlich in Stress. In der Küche muss ja alles seine Ordnung haben – »seine«, wohlgemerkt. Mein Tipp: Lassen Sie ihn am Herd in Ruhe und benutzen Sie Ihre Hände nur, um Beifall für seine Kreationen zur klatschen. Erst wenn er das Feld geräumt hat, gehört die Küche wieder Ihnen.

Wer will uns eigentlich an die Gurgel?
Natürlich kennt jeder Stress, auch Gourmets, schließlich ist er ein wichtiger Teil unseres Lebens: Ohne ihn gäbe es uns nicht mehr. Stress ist ein Alarmsystem, das uns vor Gefahr warnt und so unser Überleben sichert. Stellt sich nur die Frage, was für uns moderne Menschen Gefahr bedeutet, und wie wir darauf reagieren.

Wir sind in der Regel nicht mehr in Lebensgefahr, bei uns kommt Stress in anderer Form daher: Wir meistern den Job, versorgen die Familie, kümmern uns um Freunde und Kollegen, gehen einkaufen, holen das Auto aus der Werkstatt, bezahlen Rechnungen, organisieren Geburtstagsgeschenke, hetzen zum Friseur, Arzt und Elternabend und stehen bei diesem Programm mit einem Bein im Burn-out. Dazu kommt der tägliche Stau auf dem Weg zur Arbeit, der schnelle Imbiss zwischen zwei Terminen, Beziehungskrisen, Streit, Schlafmangel, Lärm, finanzielle Sorgen usw. Da wäre ein bisschen mehr Strass durchaus wünschenswert.

Es ist unser Stammhirn, Reptiliengehirn genannt, das reflexartig auf alles Neue reagiert und unser Stressprogramm startet. Das Reptiliengehirn verdankt seinen Namen dem Umstand, dass diese Ebene der Gehirnentwicklung in allen Reptilien vorgefunden wurde. Das Leben eines Kriechtieres wird fast ausschließlich von Überlebensfunktionen bestimmt. Wenn das Reptiliengehirn in einem Menschen überaktiv ist, nimmt der Alltag die typischen Merkmale eines Überlebenskampfes an – auch wenn wir uns nicht durch den Amazonas schlagen, sondern nur durch den Schrebergarten spazieren.

Das Reptiliengehirn ist hauptsächlich für die Art- und Selbsterhaltung zuständig und hat die Aufgabe, unser Überleben zu sichern. Im Bruchteil einer Sekunde wird eingeschätzt, wie gefährlich eine Situation ist, und dann entschieden, ob entweder Flucht oder Kampf die beste Überlebenschance bietet. Daran hat sich bis heute nichts geändert, auch wenn uns kein wildes Tier bedroht, sondern die Gefahr anderer Natur ist. Die Kampf-oder-Flucht-Reaktion kennen wir heute nur noch aus Actionfilmen. Im wahren Leben müssen wir nicht um unser Leben kämpfen oder rennen. Denn es ist kein tatsächlicher Feind, der uns an die Gurgel will. Das, worum wir heute bangen müssen, ist unser Seelenheil. Unser Stress ist der tägliche Wahnsinn. Das heißt, wir leben nur einen Teil des körperlichen Stressprogramms. Und wer zu all dem Unheil auch noch eine Diät macht, steht gleich doppelt unter Druck.

INFO

Obwohl z. B. die Antilopen in Afrika ständig der Gefahr eines tödlichen Angriffs durch einen Löwen oder Leoparden ausgesetzt sind, bekommen sie weder Magengeschwüre noch einen Herzinfarkt. Sie leben entspannt mit der Lebensgefahr im Hier und Jetzt und kommen nur dann unter Stress, wenn der Angriff wirklich stattfindet. Dann laufen sie um ihr Leben oder kämpfen mit dem Angreifer, wenn Flucht ausscheidet. Die unter Stress bereitgestellte Energie wird dabei tatsächlich verbraucht. Dazwischen grasen die Tiere, als gäbe es keine Todfeinde.

Stress ist in unserem Leben allgegenwärtig, es stellt sich nur die Frage, wie wir ihn wahrnehmen und wie wir damit umgehen. Wenn wir ihn als positive Energie, Eustress genannt, erleben, wie es mein Mann beim Kochen eines mehrgängigen Menüs für Freunde oder Familie erfährt, wirkt das anregend. Wenn die Anforderungen hoch sind, aber nicht überfordern, können sie als Herausforderung gesehen werden, der man sich gerne stellt, weil man weiß, dass man sie bewältigen kann. Sport setzt übrigens auch einen positiven Stressreiz. Er hilft dabei, überschüssige Stressenergie abzubauen und macht den Körper gleichzeitiger belastbarer bei Stress.

Hormone steuern das Stresskarussell

Stellen Sie sich vor, eine Tür knallt zu und Sie erschrecken. Dieser kurze Schreckmoment bedeutet Stress und ist das Warnsignal für den Körper, den Power-Modus einzuschalten: Erst folgt ein Adrenalinstoß, dann schießt Cortisol nach. Jeder spürt den Adrenalinstoß körperlich und intensiv, denn der Botenstoff wird blitzschnell ausgeschüttet. Das negative Stressprogramm läuft ohne unser Zutun und seit Urzeiten nach dem gleichen Muster ab. Es versetzt unseren Körper schlagartig in erhöhte Alarmbereitschaft. Daran hat sich bis heute nichts geändert, auch wenn uns kein wildes Tier bedroht, sondern nur der Nachbar nervt.

In einer gefährlichen Situation überfluten Stresshormone Gehirn und Körper. Der Herzschlag steigt an, so wird das Herz besser durchblutet. Der Blutdruck erhöht sich, damit mehr Blut in die Muskulatur fließt. Hände und Füße werden kalt, weil das Blut in die Arm- und Beinmuskeln strömt. Die Körperspannung steigt, um für Kampf oder Flucht gewappnet zu sein. Die Gerinnungsfähigkeit des Blutes ist erhöht, um auf Verletzungen vorbereitet zu sein. Die Atmung wird schneller, um mehr Sauerstoff aufnehmen zu können. Die

Pupillen erweitern sich, um die Sehkraft zu schärfen. Sogar das Gehör wird kurzfristig besser. Die Verdauungsorgane werden weniger durchblutet, weil das Blut in den Muskeln benötigt wird. Das Tier in uns ist damit optimal vorbereitet. Aber statt den drängelnden Autofahrer aus dem Wagen zu zerren und im Zweikampf zu besiegen oder vor dem betrunkenen Muskelprotz mit Händen so groß wie Rhabarberblätter davonzulaufen, tun wir … gar nichts. Wir ballen vielleicht ein Fäustchen, maulen leise vor uns hin und schlucken den Ärger hinunter. Und dort entfaltet er seine ungesunde Kraft: Die Stressenergie bleibt im Körper stecken. Akuter Stress aktiviert immer alle physischen Energiereserven, egal ob wir vor einem Angreifer davonlaufen wollen oder auf der vollen Autobahn von einem anderen Wagen bedrängt werden. Doch wohin mit dieser zusätzlichen Kraft, wenn wir sie in der Gefahrensituation nicht loswerden können? Wenn wir die überschüssige Energie nicht verarbeiten, wird der Körper wiederkehrend oder ständig von Stresshormonen durchströmt und krank. Oder dick. Denn Stress ist ein echter Dickmacher.

Bei Stress wird der Turbo gezündet
Im Stressprogramm wird neben Adrenalin auch Cortisol ausgeschüttet. Es informiert Zellen und Organe, die prompt mit einem gewaltigen Energieschub reagieren: Im Körper wird blitzschnell der Zucker freigesetzt, der in Muskeln und Leber genau zu diesem Zweck gespeichert wurde. Diese Zuckerreserve landet sofort im Blutkreislauf. Damit wird auf geniale Weise unser Turbo gestartet. Denn Zucker verleiht uns regelrecht Flügel.

Cortisol sorgt auch dafür, dass neben Zucker Fett aus unseren Fettzellen freigesetzt wird. Auf das Eingeweidefett, das unsere inneren Organe umhüllt und im Bauch liegt, kann die Leber superschnell zurückgreifen und es in Energie

umwandeln. Fett als zweiter Brennstoff neben Zucker steigert unsere Ausdauerleistung. Aus einem Gramm Fett gewinnen wir neun Kalorien Energie. Das ist mehr als das Doppelte im Vergleich zu Zucker, der nur vier Kalorien aus einem Gramm Zucker bereitstellt. Der Energiemix aus Zucker und Fett ist der optimale Sprit, den wir im Kampf oder auf der Flucht verbrauchen können. Cortisol ist lebensnotwendig und wird nicht nur bei Stress ausgeschüttet. Neben seiner Funktion bei Stress regelt es die tägliche

Viele Menschen entwickeln bei großem Stress einen ebenso großen Hunger. Andere verlieren dadurch eher den Appetit. Weder das eine noch das andere Extrem ist wünschenswert.

78

Energieversorgung des Körpers und die innere Uhr. Die Konzentration schwankt tagsüber stark: Morgens, wenn wir aufwachen, ist der Cortisolspiegel normalerweise am höchsten. Tagsüber sinkt er bis zum Abend allmählich ab.

Warum Druck auf Dauer dick machen kann

Stehen wir unter Stress, steigt der Energiebedarf des Gehirns und es fordert mehr Glukose. Denn ein unterversorgtes Gehirn würde unweigerlich Fehler machen. Das Gehirn meldet seinen erhöhten Energiebedarf mithilfe der Stresshormone. Zuerst wird die Insulinausschüttung gedrosselt. Durch die verminderte Insulinkonzentration im Blut kommt es dazu, dass Muskeln und Fett keine Glukose mehr aufnehmen können. Das Gehirn schneidet den restlichen Körper vom Energienachschub ab und sichert sich so den Großteil der angelieferten Glukose.

Bei vielen lässt chronischer Stress das Gewicht außerdem deswegen steigen, weil sie die Belastung unterbewusst mit Essen kompensieren. Denn unser Essverhalten wird von Stress und Emotionen beeinflusst. Stressesser verzehren häufiger Fast Food (und das auch noch unter Zeitdruck) und merken gar nicht, was und wie viel sie sich nebenbei in den Mund schieben. Andere benutzen Essen als Trostpflaster, um sich nach dem stressigen Arbeitstag noch etwas Gutes zu tun. Und wer dann abends noch viele Kohlenhydrate isst, bei dem fällt nachts der Blutzucker tiefer. Das fördert den Hunger und treibt manche sogar in der Nacht an den Kühlschrank. Stress verändert den Körper und das Gewicht. Wer über Jahre hinweg einen erhöhten Cortisolspiegel hat, wird mehr Fett speichern und an Bauchfett zulegen – mit gesundheitlichen Risiken.

Es muss aber gesagt werden, dass nicht jeder automatisch mit Hungergefühlen auf Stress reagiert. Manche haben gar keinen Appetit und essen sogar weniger als sonst. Forscher vermuten, dass hier Veranlagung eine Rolle spielt.

Warum Stress auch unglücklich macht

Wenn wir dem Körper Zeit zur Regenerierung vorenthalten, weil die Belastung einfach kein Ende findet, beeinflussen wir damit die Dosis der beiden »Glückshormone« Serotonin und Dopamin. Das Stresshormon Cortisol hat die Wirkung, den Serotoninspiegel zu senken und den Dopaminwert anzuheben. Aus gutem Grund: Serotonin macht uns entspannt und gelassen, und gerade das können wir im Stress nicht brauchen. Unter Stress müssen wir aktiv und zielgerichtet handeln und dafür benötigen wir mehr Dopamin. Außerdem fühlen wir uns gut in diesem Zustand – nahezu unbezwingbar und energiegeladen.

Bei Dauerstress jedoch können die Werte, je nach Veranlagung, stark nach oben oder unten ausschlagen. Denn wie wir auf Stress reagieren, ist auch genetisch bedingt. Wer unter Stress zu viel Cortisol ausschüttet, reagiert aggressiv und extrem. Der kühle Kopf bleibt auf der Strecke. Solche Mitmenschen fallen unangenehm auf, weil sie hektisch, übermotiviert und ungeduldig reagieren. Je höher der Cortisolspiegel, desto mehr sinkt im Körper der Serotoninwert und desto mehr steigt der Dopaminwert. Zu viel Dopamin führt zu extremen Spannungen und Ängsten.

Wer dagegen bei anhaltendem Stress zu wenig Cortisol produziert, wirkt unter Druck wie gelähmt. Bei zu wenig Cortisol ist auch der Dopaminspiegel zu niedrig. Damit fehlt der Einpeitscher, Menschen fühlen sich in diesem Zustand verloren und hoffnungslos. Wer im Stress oder danach viel essen muss, hat einen zu niedrigen Cortisolspiegel. Weder das eine noch das andere Extrem ist wünschenswert.

Alles Kopfsache:
Schluss mit der Gedankenspirale

Stress zu erkennen, seine Ursache und Wirkung wahrzunehmen fällt nicht immer leicht. Viele Situationen oder Verhaltensweisen, die wir für normal oder selbstverständlich halten, können uns aber Stress bereiten. Die alltägliche Hektik, häufige Streitereien in der Familie, hohe Anforderungen im Beruf … all das kann unser Stresslevel erhöhen, ohne dass wir uns dessen bewusst sind. Denn was viele nicht ahnen: Stress kommt nicht von außen, sondern entsteht allein in unserem Kopf.

Was Stress ist, hängt nur von unserer persönlichen Bewertung ab. Wer immer perfekt sein will, betrachtet alles, was er tut und erlebt, unter diesem Aspekt. Wer immer pünktlich sein will, kämpft ständig gegen die Uhr. Wer alles selbst erledigen möchte, bittet nie um Hilfe. Stress entsteht also nicht durch die Erwartung anderer, sondern durch unsere eigenen.

Um aus solchen Gedankenspiralen herauszufinden, müssen wir uns darüber klar werden, was uns wann stresst und welche Gedankenmuster oder Verhaltensweisen uns eigentlich dazu bringen. Erst dann können wir anders reagieren. Der Stau auf dem Weg ins Büro, täglicher Termindruck, ständige Überstunden, häufige Schlafstörungen und dauernde Kopfschmerzen – bei manchen existiert der Stress schon so lange, dass sie sich ein Dasein ohne ihn gar nicht mehr vorstellen können. Inzwischen gibt es keinen Ort mehr, an dem nicht ein Handy klingelt. Sei es im Auto, in der U-Bahn, im Theater, auf der Toilette oder im Restaurant. Manche halten sich für so wichtig und unverzichtbar, dass sie meinen, sogar in der Mittagspause und nach Feierabend erreichbar sein zu müssen. Im Büro bekommen Sie täglich zig E-Mails und Anrufe, die möglichst alle sofort beantwortet bzw. bearbeitet werden sollen. Dazu kommen Meetings, Überstunden, Fortbildungen etc. Die Informationsflut via Post, Telefon, Fax und Internet nimmt dramatisch zu. Reizüberflutung ist ein echtes Problem unserer Zeit.

Fuß vom Gas – Zeit sinnvoll nutzen

Wir sitzen stundenlang vor dem Fernseher oder dem Computer und vertrödeln so kostbare Stunden, die unserer Erholung dienen könnten. Es gibt viel leere Zeit im Alltag, die wir sinnvoll nutzen könnten. Der römische Philosoph Seneca hat einmal gesagt: »Es ist nicht zu wenig Zeit, die wir haben, sondern es ist zu viel Zeit, die wir nicht richtig nutzen.« Ob Sie Ihre Zeit »richtig« genutzt haben, merken Sie daran, wie Sie sich fühlen: Wenn Sie nach stundenlangen Computerspielen Kopfschmerzen haben, haben Sie sich nicht entspannt. Fühlen Sie sich jedoch zufrieden, klar, wohlig, vielleicht auch müde, z. B. nach einem Spaziergang oder nachdem Sie etwas Interessantes gelesen haben, haben Sie für Körper und Seele etwas Gutes getan. Wir müssen lernen, damit umzugehen. Die erste Maßnahme ist, den Fuß vom Gas zu nehmen. Es gilt, aus allen Aktivitäten, Anforderungen und Infos das herauszufiltern, was wichtig ist, und so mehr Zeit für sich zu gewinnen. Dies setzt den bewussten Umgang mit vorhandenen Ressourcen voraus – das betrifft auch das Phänomen Freizeitstress. Endlich Freitag, aber das Wochenende ist kurz. Was zuerst tun? Da warten Haushalt, Rechnungen, Steuererklärung & Co. Und dann gibt es noch das riesige Freizeitangebot, aus dem man auswählen muss. So geraten wir selbst an den wenigen freien Tagen gewaltig unter Stress.

Raus aus dem Stresskarussell, aber wie?

Ein Wellnesswochenende oder Müßiggang bringen zwar kurzfristig Erholung, solche Erste-Hilfe-Maßnahmen lindern aber nicht den Dauerstress. Wer permanent unter Druck steht, muss also mehr für sich tun und tiefer gehen. Verinnerlichte Denkmuster wie: »Ich muss immer perfekt funktionieren« oder: »Ich kann es halt nicht ändern« müssen aufgebrochen werden. Wir sind ja der Situation nicht hilflos ausgeliefert. Wir können etwas ändern, wenn wir die Kontrolle zurückgewinnen. Wer in einer konkreten Stresssituation seine Lage überdenkt, indem er einen Schritt zurücktritt und sich aus der Distanz betrachtet, kann seine Fähigkeiten und Grenzen besser einschätzen und vor allem akzeptieren. Das veränderte Denken kann dazu führen, dass wir uns weniger gestresst und ausgeliefert fühlen.

Bei positivem Stress findet die Energie ihr Ventil z. B. im Erfolgserlebnis, wenn ein Projekt abgeschlossen ist. Bei negativem Stress müssen Sie sich in der Regel selbst darum kümmern, die aufgestaute Energie loszuwerden. Nur wer seine Batterien regelmäßig auflädt und so die innere Balance von Be- und Entlastung hält, kann sein Leben in vollen Zügen genießen. Wer es nicht schafft abzuschalten, kann es lernen! Das fängt im Kleinen an, etwa beim Handy und dem vermeintlichen Zwang der Dauererreichbarkeit. Feste Essenszeiten, während denen das Handy aus ist, können ungemein zur Entspannung beitragen. Maßnahmen wie diese bedeuten abschalten im wahrsten Wortsinn.

Die eigene Balance finden

Sie wissen nun, was Sie unter Stress setzt und dass Entspannung ein wichtiger Teil Ihres Lebens sein sollte. Dazu gehören Muße, Müßiggang und Rückzug. Ziehen Sie also Grenzen! Wer sich um alles selbst kümmert, immer ansprechbar und hilfsbereit ist, gerät leicht in die Stressfalle. Machen Sie sich klar, dass Sie kein schlechter Mensch sind, wenn Sie auch mal Nein sagen. Zuerst geht es um Sie! Die Balance zwischen Anspannung und Entspannung muss stimmen.

Dafür ist es notwendig, seine persönliche Situation zu analysieren und zu sehen, warum man sich nicht abgrenzt. So haben Perfektionisten eine hohe Erwartung an die eigenen Leistungen und große Angst vor Fehlern. Sie können schlecht delegieren, weil andere es ihnen nicht gut genug machen. Diese Angst lässt wenig Raum für Entspannung – eine große Quelle für Stress. Ein Perfektionist muss also lernen, lockerzulassen, indem er Arbeiten delegiert und seine Ziele überprüft. Wer hingegen keine Grenzen zieht, weil er gerne hilft oder gefallen möchte, muss lernen, mehr auf sich zu achten und auch mal Nein zu sagen.

INFO

Es gibt viele Entspannungstechniken wie autogenes Training, Meditation, progressive Muskelentspannung, Qigong, Tai-Chi oder Yoga. Volkshochschulen, Sportvereine, Krankenkassen und Fitnessstudios bieten dafür Bücher, DVDs, CDs und Kurse an. Wer die Technik danach beherrscht, kann die Übungen alleine durchführen. Wichtig dabei sind regelmäßige, kleine Entspannungseinheiten – am besten täglich sowie gezielt in Belastungssituationen.

SCHLANKGEHEIMNIS SELBERKOCHEN:
Die Rezepte

Alle Rezepte in diesem Buch hat mein Mann aus seinen reichhaltigen Ess- und Kocherinnerungen heraus entwickelt und schon oft für mich zubereitet. Sie lassen sich wirklich leicht nachkochen und schmecken wunderbar. Und das Beste daran: Sie machen schlank! Falls nicht anders erwähnt, gelten alle Rezepte für zwei Portionen. Rezepte, die Sie ohne Abwandlung in Phase 1 essen können, sind mit dem Zusatz »Eiweiß pur« gekennzeichnet.

Poulardenbrust gefüllt
mit Paprika-Ricotta und Paprikakompott

Eine Poularde ist das prototypische Lebensmittel, folgt man dem GOURMET-PRINZIP. Erstens schmeckt sie ungeheuer authentisch und zweitens ist sie empfänglich für alle möglichen Varianten mit unterschiedlichen Füllungen, Beilagen, Saucen und natürlich auch pur.

Zutaten:

- 2 Poularden-/Hähnchenbrüste mit Haut und Flügelknochen
- je 1 gelbe und rote Paprikaschote
- 4 EL Ricotta
- 2 EL Sahne
- 3 Zweige Zitronenthymian, Blätter gezupft
- 1 TL Zitronenabrieb
- 1 TL geräuchertes Paprikapulver
- 1 Msp. Curry
- Salz, frisch gemahlener weißer Pfeffer
- 3 EL Olivenöl
- 20 g Butter
- 2 EL Weißwein
- 30 ml Tomatenessenz (siehe Seite 145)

Zubereitung:

1 Backofen auf 160 Grad vorheizen.

2 In die Poulardenbrüste unter Führung der flachen Hand vorsichtig eine mittelgroße Tasche schneiden.
Paprikaschoten schälen und in mittelgroße Rauten schneiden. In einer Schüssel Ricotta mit Sahne cremig rühren. 1 Handvoll der Paprikarauten in kleine Würfel schneiden und zusammen mit dem Großteil des Zitronenthymians und Zitronenabrieb unterheben. Mit Paprikapulver, Curry, Salz und Pfeffer würzen.

3 Füllung in die Taschen der Poulardenbrüste füllen. Mit Zahnstochern verschließen.

4 Olivenöl und Butter in einer Pfanne mittelhoch erhitzen. Poulardenbrüste zunächst auf der Hautseite goldbraun anbraten, wenden und kurz auf der Fleischseite braten, auf ein Gitter über Abtropfbehälter legen und im Ofen für ca. 15 Minuten garen.

5 In einer Sauteuse (einem kleinen Stilkochtopf) die restlichen Paprikarauten in Olivenöl und etwas Butter anschwitzen. Mit dem Weißwein ablöschen und reduzieren lassen. Tomatenessenz angießen und bei kleiner Hitze glacieren, also überglänzen. Mit Salz und Pfeffer abschmecken.

6 Die Poulardenbrüste jeweils schräg teilen und auf flachen Tellern anrichten. Das Paprikakompott anlegen und mit dem übrigen Zitronenthymian bestreuen. Geflügelnaturjus aus der Pfanne über die Poulardenbrüste träufeln.

TIPP

Beim Garen im Ofen das Gargut immer auf Gitter legen. Nur so kann die Hitze gleichmäßig darauf einwirken, und es wird rundum mit dem perfekten Gargrad zart fertiggestellt.

Entenbrust
mit Mangosalsa

Entenbrust enthält eine große Menge gesättigter Fettsäuren – nicht gerade das Gesündeste. Wenn man vor dem Braten – so wie in diesem Rezept – die Haut und alles sichtbare Fett entfernt, ist das meiste dieser Fettsäuren beseitigt.

Zutaten:

2	mittelgroße Entenbrüste
2	Knoblauchzehen, in dünne Scheiben geschnitten
1 TL	geräuchertes Paprikapulver
1 EL	Olivenöl
1 EL	Butter

Für die Salsa:

1	große Mango, geschält und in kleine Würfel geschnitten
1	rote Chilischote, fein gewürfelt
1	Limone, Zesten und Saft
2 EL	frische Korianderblätter, klein geschnitten
2	Frühlingszwiebeln, in dünne Ringe geschnitten
	Salz, frisch gemahlener Pfeffer

Zubereitung:

1 Entenbrüste vom Fett und der Haut befreien, 2 oder 3 Einschnitte mit jeweils 1 Knoblauchscheibe spicken, mit wenig Paprikapulver einreiben.

2 Das Olivenöl mit etwas Butter in einer Pfanne mittelhoch erhitzen.

3 Entenbrüste einlegen und bei mittlerer Hitze auf jeder Seite ca. 8 Minuten rosa braten.

4 Inzwischen alle Zutaten der Salsa vorsichtig miteinander vermengen und abschmecken. Ein paar Frühlingszwiebeln beiseitelegen.

5 Entenbrüste für ca. 5 bis 10 Minuten in Alufolie nachgaren lassen.

6 Entenbrüste schräg in etwas dickere Stücke schneiden und jeweils fächerförmig anrichten. Die Salsa in einem extra Gefäß dazustellen. Mit restlichen Frühlingszwiebeln ausdekorieren.

Spargel
mit Schnitzel

Figurbewusste freuen sich bei diesem Rezept über das Schnitzel »Wiener Art«, das hier von der Pute stammt und nicht vom Kalb wie im Original.

Zutaten:

3 EL	Mehl
200 g	Pankobrotbrösel (aus dem Asialaden), alternativ: normale Semmelbrösel
2	Eier XL
30 g	Sahne
	Salz und Pfeffer
2	Putenschnitzel à 150 g
5 EL	Bio-Butterschmalz
3 EL	Butter
12	Stangen Spargel, Zubereitung nach Wunsch, hier Sous-vide (siehe Seite 38 f.)
1 bis 2	Bund Kerbel, gezupft
1	Zitrone, geachtelt, zum Servieren

Zubereitung:

1 Panierstation mit Mehl, Pankobrot- oder Semmelbrösel und geschlagenem Ei einrichten. Unter das Ei 2 bis 3 Esslöffel Sahne ziehen. Die Eimischung mit Salz und Pfeffer würzen. Dadurch wird die Panade extrem luftig.

2 Die Putenschnitzel mit dem Plattiereisen auf ½ Zentimeter dünn klopfen, ohne die Struktur zu zerreißen.

3 Schnitzel mit Salz und Pfeffer beidseits würzen.

4 Butterschmalz in großer Pfanne bei mittelhoher Hitze auflösen.

5 Schnitzel in der Reihenfolge Mehl, Eier, Brösel panieren. Brösel nicht andrücken.

6 Die Schnitzel im Butterschmalz schwimmend goldbraun auf jeder Seite ausbacken. Aus der Pfanne nehmen, kurz auf Küchenkrepp abfetten und in schäumender Butter kurz glacieren.

7 Je nach Rezept gekochten Spargel anrichten. Butter oder Sud angießen, mit Kerbel dekorieren und das Schnitzel anlegen. Zitronenachtel dazugeben.

Poulardenbrust,
asiatisch gelackt

Sie ahnen es: Dies ist eine weitere Variante der Poulardenbrust-Arie, die ich
zwangsläufig für die »Abnehm«-Intentionen meiner »Schlank-Madame«
entwickelt habe.

Zutaten:

2 Poularden- oder Hühner-
brüste mit Haut

Salz und frisch gemahlener
schwarzer Pfeffer

Für den »Lack«:

125 ml Traubenkernöl

1 EL frischer Ingwer, geschält und
gerieben

2 EL gehackter Knoblauch

400 ml Hoisin-Sauce (aus dem
Asialaden, gute Qualität
erfragen)

125 ml frischer Lime Juice

Salz und frisch gemahlener
schwarzer Pfeffer

Zubereitung:

1 Ofen auf 160 Grad vorheizen (Ober- und Unterhitze).

2 Poulardenbrüste beidseits mit Salz und Pfeffer würzen.

3 In einer Sauteuse über mittelhoher Temperatur 2 Esslöffel des Öls
erhitzen. Ingwer und Knoblauch ca. 2 Minuten darin weich dünsten.
Die Hoisin-Sauce unter ständigem Rühren dazugeben, ca. 1 Minute
kochen, dann den Lime Juice hinzufügen. Die Masse in einen Blender
geben und aufmixen, dabei das restliche Öl hineintropfen lassen. Mit
Salz und Pfeffer abschmecken. Kann in einem Glas bis zu 2 Wochen
im Kühlschrank aufbewahrt werden.

4 In einer Pfanne bei mittelhoher Hitze die Poulardenbrüste
zunächst ca. 4 Minuten auf der Haut anbraten, dann wenden und die
Fleischseite braten. Auf einem Gitter platzieren, in den vorgeheizten
Ofen stellen und darin ca. 10 Minuten fertig braten. Den Lack sehr
oft auf die Hautseite streichen und in der Hitze karamellisieren
lassen. Nach dem Garen etwas ruhen lassen, danach schräg aufschneiden und servieren. Wer will, kann noch mit etwas Lime Juice
nachwürzen.

Schlankgeheimnis Selberkochen

Stubenküken

Diese Minivariante der Poularde im Ganzen gibt das Gefühl einer kompletten Mahlzeit. Ein wesentlicher Vorteil: Sie können sich aus der Pur-Version ausklinken und im Ofen auch gleich eine leichte Beilage mitkochen.

Zutaten:

- 2 Stubenküken, küchenfertig
  Salz, Pfeffer, Paprikapulver edelsüß zum Würzen
- 4 Stängel Petersilie
- 2 EL Butter
- 6 Schalotten, abgezogen, geviertelt
- 2 Scheiben junger Knoblauch von der Knolle
- 2 Rispen Kirschtomaten
- 100 ml Geflügelfond

Zubereitung:

1 Ofen auf 160 Grad vorheizen. Eine feuerfeste Schale mit ca. 150 Milliliter Wasser auf den Unterboden stellen.

2 Stubenküken innen und außen kräftig mit den Gewürzen einreiben. Die Höhle mit der Petersilie und 1 Scheibe Butter füllen. Das Stubenküken sauber tournieren, also mit Küchengarn zusammenbinden.

3 In eine Reine die Schalotten, den Knoblauch und die Tomaten legen, die Stubenküken obenauf platzieren. Den Fond angießen.

4 Im Ofen auf der mittleren Schiene unter ständiger Kontrolle ca. 25 Minuten garen. Dabei entsteht durch den Wasserdampf eine schöne goldbraune Haut.

5 Aus dem Ofen nehmen und kurz ruhen lassen. Mit Naturjus pur servieren. Beilagen nach Lust und Laune …

TIPP

Die Wasserschale simuliert den Konvektionseffekt (siehe Glossar). Viele neue Küchenöfen haben ein solches Programm eingebaut. Das macht es noch leichter. Wenn man ohnehin eine Neuanschaffung plant, lohnt sich diese Zusatzausstattung.

Zitronenhuhn mit Babyartischocken,
Oliven und Grenaille-Kartoffeln

Sie können das Huhn im Konvektomaten (Intervall-Dampf-Brater) gut sich selbst überlassen, da der Dampf das »Begießen« übernimmt und für eine sehr schöne braune Haut sorgt. Als Alternative zum Konvektomaten reicht auch eine feuerfeste Schale mit Wasser.

Zutaten:

- 1 Freilandpoularde, ca. 1 bis 1,2 kg
  Meersalzflocken, frisch gemahlener Pfeffer
- 1 Bio-Zitrone
- 4 Stängel Petersilie
  einige Stückchen Butter
  Paprikapulver edelsüß
- 4 Schalotten
- 10 violette Mini-Artischocken
- 10 Grenaille-Kartoffeln, gewaschen und halbiert
- 20 schwarze Oliven
- 2 Scheiben junger Knoblauch
- 4 Zweige Thymian oder Zitronenthymian

Zubereitung:

1 Ofen zum Intervall-Dampf-Braten vorbereiten und auf 140 Grad vorheizen. Alternativ einfach eine feuerfeste Schale mit ca. 150 Milliliter Wasser auf den Unterboden stellen.

2 Freilandpoularde innen waschen und trocknen, mit Salz und Pfeffer ausreiben, dann ein paar Zitronenschnitze, Petersilie und einige Stückchen Butter in die Höhle legen. Diese mit Zahnstochern verschließen.

3 An der Brust der Poularde die Haut vorsichtig anheben, zunächst einige Stückchen Butter einlegen und dann bis zu 2 dünne Scheiben Zitrone unter die Haut stecken. Vorsichtig »verschließen«. Von außen mit Salz, Pfeffer und etwas Paprikapulver gut einreiben. Danach das Huhn mit Küchengarn tournieren (zusammenbinden).

4 Schalotten abziehen und in grobe Stücke schneiden. Die Artischocken putzen und die harten Blätter entfernen, dann die Artischocken in Achtel teilen. Beides mit Kartoffeln und Oliven in die Reine schichten, Zitronenschnitze anlegen, Knoblauch und Thymian hinzufügen und die Poularde obenauf platzieren. Im vorgeheizten Ofen zunächst 35 bis 40 Minuten braten, danach die Hitze auf 160 bis 180 Grad erhöhen und die Poularde mit schöner Hautfärbung fertig braten.

5 Poularde tranchieren und mit dem Gemüse und dem abgeschmeckten Naturjus auf flachen Tellern servieren.

Perlhuhn Suprême
mit Zitronen-Ingwer-Nudeln

Auf einer der letzten Reisen haben wir bei der vielfach ausgezeichneten österreichischen Köchin Lisl Bacher gegessen, die ich schon von verschiedenen Veranstaltungen kannte und deren unverfälschte Landhausküche sehr meiner Philosophie entspricht. Aber probieren Sie selbst:

Zutaten:

2	Suprêmes vom Perlhuhn mit Flügelknochen
2	Zweige Thymian
3	Zitronen, jeweils die Schalen Meersalzflocken
1 TL	gemahlener Koriander
2 EL	Butterschmalz
80 g	Linguine
250 ml	Geflügelfond
1	dickes Stück Ingwer, ca. 2 Daumen breit
60 g	eiskalte Butter in Stückchen
80 g	Zucker in 80 ml Wasser auflösen (zum Kandieren der Zitronenzesten)
1	Knoblauchzehe, in dünne Scheiben geschnitten etwas Butter zum Anschwitzen
3 EL	Tomatenessenz (siehe Seite 145)
5	Ofentomaten (Grundrezept siehe Seite 61), in feine Würfel geschnitten
2 EL	Parmesan, gerieben Pfeffer
2	Stängel Petersilie
2	Stängel frischer Koriander

Zubereitung:

1 Ofen auf 160 Grad vorheizen.

2 Die Haut der Suprêmes vorsichtig anheben, Thymian und etwas Zitronenschale darunterschieben. Außen mit Salz und Koriander einreiben.

3 Rundum in heißem Butterschmalz anbraten und auf der Hautseite (!) liegend im Ofen auf dem Gitter ca. 6 Minuten braten. Herausnehmen und an warmer Stelle (z. B. vor dem offenen Ofen) unter Alufolie nachziehen lassen.

4 Nudeln nach Angabe al dente kochen.

5 Bratensatz mit Geflügelfond aufkochen, etwas geriebenen Ingwer und die Hälfte der Zitronenschalen dazugeben, reduzieren, durch ein Sieb abgießen und mit der eiskalten Butter cremig aufschlagen.

6 Restlichen Ingwer in feine Streifen schneiden und in heißem Wasser blanchieren. Übrige Zitronenschalen im Zuckerwasser kandieren, bis dieses vollkommen reduziert ist.

7 Ingwer und Zitronenschalen mit Knoblauch in Butter anschwitzen.

8 Nudeln mit Tomatenessenz, den Ofentomaten und etwas Parmesan zu der Zitronen-Ingwer-Butter-Mischung geben. Mit Salz, Pfeffer, Petersilie und Koriander abschmecken.

9 Die Suprêmes blättrig aufschneiden. Die Nudeln aufdrehen und seitlich anlegen. Die Sauce angießen. Mit Korianderblättchen fein ausdekorieren.

Perlhuhnbrust mit Spinat-Chorizo-Füllung
und Spinat-Tomaten-Gemüse

Noch ein tolles Rezept gegen die Eintönigkeit – und die Weiterentwicklung des Favoriten meiner Frau.

Zutaten:

2	Suprêmes vom Perlhuhn mit Flügelknochen, pariert
	Salz, Pfeffer
300 g	Babyspinat
2 EL	Butter
4	Scheiben einer Chorizo picante, 0,5 cm dick, beste Qualität, in Hälften geschnitten
2 EL	Butterschmalz
1	Schalotte, sehr fein gewürfelt
1	Knoblauchzehe, angedrückt
1	Prise Muskatnuss
8	Ofentomaten (Rezept siehe Seite 61), fein gewürfelt
60 ml	Geflügelfond
2	Frühlingszwiebeln

Zubereitung:

1 Ofen auf 160 Grad vorheizen.

2 Perlhuhnbrüste innen und außen salzen und pfeffern, je eine Tasche schneiden.

3 Spinat in einem Topf mit 1 Esslöffel Butter anschwitzen, bis er zusammenfällt. Herausnehmen, die Hälfte ausdrücken und mittelfein hacken.

4 Den gehackten Spinat mit den Chorizostücken in die Tasche füllen, die Taschen mit Rouladenspießen verschließen.

5 Perlhuhnbrüste in einer mittelheißen Pfanne in Butterschmalz auf der Hautseite goldbraun anbraten, dann wenden. Anschließend die Brüste auf der Hautseite liegend im Ofen auf dem Gitter für ca. 12 Minuten garen lassen.

6 Die Schalotte in 1 Esslöffel Butter andünsten, angedrückte Knoblauchzehe und den restlichen Spinat dazugeben und kurz einschwenken. Mit Salz, Pfeffer und Muskatnuss abschmecken. Ofentomaten dazugeben.

7 Die Perlhuhnbrüste aus dem Ofen nehmen und kurz ruhen lassen. Den Bratensatz mit Geflügelfond ablöschen und reduzieren. Abschmecken.

8 Auf großen Tellern den Tomatenspinat anrichten. Die Perlhuhnbrüste jeweils im Ganzen auflegen, mit Sauce umgießen. Sehr dünn geschnittene Scheiben von Frühlingszwiebeln dekorativ verteilen.

Poulardenbrust mit glasiertem
Blumenkohl und Kaffir-Lime-Soja-Sirup

Dieses Rezept habe ich adaptiert von Ming Tsai. Der Gastronom verbindet fernöstliche Kultur mit westlichem Lifestyle – und nimmt auch mal ein Gemüse wie Blumenkohl in seinen Kreationen auf. Der Sirup ist für den Geschmack besonders wichtig. Alle Zutaten gibt es im Asialaden.

Zutaten:

Für den Sirup:

750 g	brauner Zucker
500 ml	natürlich gebraute Sojasauce
500 ml	Kecap Manis (süße indonesische Sojasauce)
200 ml	Limonensaft, frisch gepresst
8	Kaffirlimeblätter, frisch oder gefroren, gehackt

Für die Poularde:

2 EL	Traubenkernöl
	Meersalz, frisch gemahlener Pfeffer
2	Poulardenbrüste
250 g	Blumenkohl, in kleine Röschen geteilt, fein geputzt, blanchiert, in Eiswasser abgeschreckt
6	Frühlingszwiebeln, bis ins Grüne in sehr dünne Scheiben geschnitten
1 TL	Sesamsaat, getoastet

Zubereitung:

1 Alle Sirupzutaten in einer Kasserolle mischen und leicht zum Köcheln bringen. Die Mischung darf nicht kochen! Die Flüssigkeit in etwa 35 bis 40 Minuten um die Hälfte reduzieren. Es sollte ein dickflüssiger Sirup entstehen. Die Flüssigkeit durch ein Sieb pressen, um die Blattreste zu entfernen. Den Sirup abkühlen lassen.

2 Ofen auf 190 Grad vorheizen.

3 Eine Pfanne auf hohe Hitze vorheizen, das Öl hineingeben.

4 Die leicht mit Salz und Pfeffer gewürzten Poulardenbrüste auf der Hautseite goldbraun anbraten, ca. 5 bis 7 Minuten. Leicht mit dem Sirup einstreichen. Die Poulardenbrüste wenden und die Blumenkohlröschen sowie die Frühlingszwiebeln locker anlegen. Die Poulardenbrüste nun auf der anderen Seite mit dem Sirup einpinseln und den Blumenkohl mit Sirup beträufeln. Weitere 6 bis 8 Minuten im Ofen garen. Noch einmal wenden und die Hautseite nochmals einpinseln.

5 Die Teller zunächst zart mit dem Sirup beträufeln. Dann den Blumenkohl anlegen und die Poulardenbrüste obenauf platzieren. Den Bratensaft aus der Pfanne darübergeben. Mit Frühlingszwiebelgrün und Sesamsamen ausdekorieren.

Espresso-Chili-Chicken

Irgendwann gingen mir die Ideen für die 365. Variation der Hühnerbrust
aus. Die Rettung kam wieder einmal von Stevan Paul und seinen »Schnellen
Tellern« in einem der bereits abgelegten Magazine EFFILEE.

Zutaten:

2	Poulardenbrüste
7 EL	Olivenöl
	Salz
150 g	Feldsalat
1	kleine rote Zwiebel
1	frische Mango, gewürfelt
1 EL	Weißweinessig
1 TL	flüssiger Honig
1 TL	Paprikapulver edelsüß
1 Msp.	Chiliflocken
1 TL	Espressopulver
1	Knoblauchzehe

Zubereitung:

1 Ofen auf 200 Grad vorheizen.

2 Poulardenbrüste mit 1 Esslöffel Olivenöl bestreichen, kräftig mit
Salz würzen und in eine flache Auflaufform setzen. Im heißen Ofen
auf der mittleren Schiene 15 Minuten garen.

3 Feldsalat putzen, trockenschleudern. Für die Vinaigrette die
Zwiebel abziehen, fein würfeln, die Mangowürfel zugeben und alles
mit Essig, Honig und 4 Esslöffel Olivenöl verrühren. Salzen.

4 Für die Hähnchenwürze 2 Esslöffel Olivenöl mit Paprikapulver,
Chiliflocken, Espressopulver und dem durchgepressten Knoblauch
verrühren. Die Poularden damit bestreichen und weitere 10 Minuten
im Ofen garen. Hähnchenteile mit dem Salat und der Mango-
vinaigrette servieren.

Wadengulasch vom Ochsen
mit Kartoffelpüree

Dieses Rezept habe ich aus einem frühen Gericht des jungen Joachim Wissler heraus adaptiert.

Zutaten:

Für das Gulasch:

1 kg	Ochsenwade (Oberteil)
	Salz
2–3 EL	Butterschmalz
250 g	Schmorgemüse (Lauch, Sellerie, Zwiebel, wenig Karotte)
50 g	geschälte Tomaten (Konserve)
150 ml	kräftiger Rotwein guter Lage
200 ml	Geflügelbrühe
2	Lorbeerblätter, frisch
8	Pfefferkörner schwarz, zerdrückt
2	Knoblauchzehen, abgezogen
4	Wacholderbeeren, zerdrückt
2	Pimentkörner
2 Bund	junge kleine Karotten
8–10	junge Schalotten, abgezogen
	Butter zum Andünsten
1 Bund	Frühlingszwiebeln, 10 bis 12 cm lange Stücke
2	Zweige Thymian

Zubereitung:

1 Ofen auf 160 Grad Ober-/Unterhitze vorheizen.

2 Fleisch in 4 × 4 Zentimeter große Würfel schneiden, mit Salz würzen und in Butterschmalz rundherum anbraten.

3 Gemüse in einem extra Schmortopf mit wenig Butterschmalz anbraten, Tomaten dazugeben.

4 Fleischwürfel aus der Pfanne nehmen, Fett abgießen, Bratensatz mit Rotwein ablöschen und loskochen.

5 Fleischwürfel und Rotweinreduktion auf das Schmorgemüse geben. Geflügelbrühe und alle Gewürze außer Thymian hinzufügen. Mit Alufolie abgedeckt im Ofen für 3 bis 3 ½ Stunden weich schmoren.

6 Kartoffeln schälen und weich kochen. Karotten in Rauten schneiden und mit den Schalotten in Butter andünsten. Frühlings-zwiebeln in separatem Topf mit Butter andünsten. Beide Gemüse fein abschmecken.

7 Kartoffelpüree aus den gut ausgedampften Kartoffeln mit der heißen Milch und der kalten Butter rühren. Es sollte nicht zu flüssig sein. Mit etwas Olivenöl cremig verfeinern und mit Salz, Pfeffer und Muskatnuss feinwürzig abschmecken.

8 Fleisch vorsichtig aus dem Schmortopf sortieren, restlichen Ansatz durch ein Sieb passieren. Sauce sämig reduzieren. Mit den Thymianzweigen für 15 Minuten aromatisieren. Mit Salz, Pfeffer und etwas Rotwein vorsichtig nachwürzen. Mit Butter verfeinern. Das Fleisch in die Sauce zurücklegen und glacieren.

Für das Kartoffelpüree:

250 g	mehligkochende Kartoffeln
150 ml	kochende Milch
30 g	kalte Butter
	Olivenöl
	Salz, Pfeffer, Muskatnuss

9 Auf leicht tiefen Tellern das Gulasch in der Mitte platzieren, Gemüse und eine Nocke des Pürees eng anlegen und mit der Sauce nappieren. Mit Thymianblättchen fein ausdekorieren.

Schweinebraten –
das bayerische Gourmet-Prinzip

Das saftige, leicht rosa gebratene Fleisch mit der krachenden Kruste und einer, wie auch immer, möglichst natürlichen Sauce ist auch für die Protein-Phase ein Renner – man hat das Gefühl, was G'scheits gegessen zu haben.

Zutaten:

1,5 kg	Schweinefleisch von der Schulter mit Schwarte
1 TL	Kümmel, fein gehackt
4	Knoblauchzehen
	Salz, Pfeffer aus der Mühle
1 TL	Majoran, getrocknet
1 EL	mittelscharfer Senf
2	Zwiebeln
1	Karotte
500 g	klein gehackte Schweine-knochen für den Fond
1 EL	Öl

Zubereitung:

1   Ofen auf 140 Grad vorheizen.

2   Beim Fleisch die Schwarte regelmäßig einschneiden.

3   Aus dem Kümmel, 2 Knoblauchzehen, Salz, grobem schwarzem Pfeffer, Majoran und Senf eine Marinade mischen und die Fleisch-seite des Bratens damit einreiben. Für mindestens 6 Stunden marinieren lassen, besser über Nacht im Kühlschrank .

4   Zwiebeln und Karotte schälen und klein schneiden. Knoblauch andrücken.

5   Das Gemüse mit den klein gehackten Knochen in einen Bräter geben.

6   Fleisch mit Marinade in einer Pfanne in heißem Öl rundherum braun anbraten, herausnehmen und in den Bräter auf die Knochen-Gemüse-Mischung umsetzen. 250 Milliliter Wasser angießen.

7   In den vorgeheizten Ofen schieben und 1½ Stunden bei 140 Grad garen.

8   Braten in eine Pfanne mit Rost umsetzen und im Ofen bei 180 Grad weitere 45 Minuten fertig garen. Die Kruste nicht zu braun werden lassen. Eventuell zum Schluss übergrillen.

9   Den Fond durch ein Sieb abgießen, nach Geschmack würzen. Braten für ca. 8 Minuten ruhen lassen. Dann die Bratenscheiben mit dem Naturjus servieren.

Natürlich dürfen und sollen Sie bei der Sauce Ihren Vorlieben freien Lauf lassen, alles ist möglich. Ebenso bei den Beilagen – vom Knödel bis zum Krautsalat.

T-Bone-Steak vom Kalb
mit Duxelles von Champignons

Sie ahnen es schon: Dies ist eins der Fleisch-Protein-Stücke, die für die Umgewöhnungsphase so wichtig sind – aber auch sehr gut schmecken. Wie immer: nur beste Qualität vom Metzger Ihres Vertrauens.

Zutaten:

Für die Duxelles:

250 g	Champignons, weiß und braun
2	Schalotten, fein gewürfelt
100 g	Butter (eventuell mehr)
	Zitronensaft
	Salz, weißer Pfeffer
1 TL	Tomatenmark

Für die Steaks:

2	T-Bone-Steaks vom Kalb à 200 g
	Salz, Pfeffer
	neutrales Öl und etwas Butter zum Anbraten

Zubereitung:

Duxelles:

1 Champignons putzen, durch die feine Scheibe des Fleischwolfs drehen. Man kann die Pilze auch sehr (!) fein hacken, das dauert aber länger.

2 Pilzmasse auf ein Küchentuch legen, ich nutze hier eine Mullkompresse. Diese wird dann sehr fest zusammengedreht, bis alle Flüssigkeit herausgepresst ist.

3 Die Schalotten in Butter glasig dünsten, dann die Pilzmasse hinzufügen. Butter reichlich nachgeben, die Pilze saugen sie auf wie Löschpapier. Hitze erhöhen und die Masse leicht anbraten. Mit Zitronensaft beträufeln. Mit Salz, frischem weißem Pfeffer und dem Tomatenmark nach Geschmack würzen.

Kalbssteaks:

1 Ofen auf 160 Grad vorheizen.

2 Fleisch von beiden Seiten leicht würzen. In einer Pfanne bei mittelhoher Hitze von beiden Seiten in neutralem Öl mit etwas Butter anbräunen. Auf einem Gitter im Ofen weitere 10 bis 15 Minuten nachgaren. Ruhen lassen. Mit einer Nocke Duxelles oder einfach pur servieren.

TIPP

Mullkompressen, vierlagig gefaltet, kommen sonst nur bei Operationen oder Wundversorgungen zum Einsatz. Sie sind aber auch ideale Küchenhelfer. Aufgefaltet dienen sie als Küchentuch zum Durchpressen von Farcen oder auch dickeren Pürees. Oder als Filter. Man bekommt sie in der Apotheke als Packung zu 100 Stück, unsteril. Die reichen dann für eine Weile.

Entrecote
pur

Wichtigste Voraussetzung ist der Einkauf nur des BESTEN Fleisches. Dies kann aus einheimischer Haltung sein, aber mehr und mehr kann man auch Fleisch aus Amerika (Nebraska oder Montana), Italien (Chianina) oder Frankreich (Charolais) bekommen. Das Fleisch muss gut abgehangen sein, mindestens 3 bis 4 Wochen, im Idealfall sollte es Dry-Aged sein.

Phase 1
Eiweiß »pur«

Zutaten:

2   Scheiben Entrecote
    (oder New York Cut Sirloin),
    ca. 1,5 cm dick
1 EL   hoch erhitzbares Öl
    etwas Butterschmalz
    Maldon-Salz
    Melange-Noir-Pfeffer
    (Ingo Holland)

Zubereitung:

1   Das Fleisch mindestens 2 Stunden vor dem Braten aus der Kühlung nehmen.

2   Eine gusseiserne Pfanne ultrahoch erhitzen, bis leichter Rauch aufsteigt.

3   Erst Öl und Butterschmalz, dann das Fleisch hineingeben. Hitze etwas reduzieren. Jede Seite etwa 4 Minuten bis zur Karamellisierung anbraten. Daumenprobe zum Feststellen des Gargrades machen.

4   Vom Herd ziehen und ca. 5 Minuten ruhen lassen.

5   Mit Meersalzflocken und Pfeffer würzen.

Geschmorter Tafelspitz vom Milchkalb

mit getrüffeltem Wirsing und Schmorgemüse

Sonntagsbraten hätte man dieses Gericht früher genannt – und eigentlich gilt das auch heute noch, denn die Zubereitung ist etwas zeitintensiver und lässt sich eher am Wochenende gut bewerkstelligen. Zu diesem Rezept inspirierte mich ein Gericht vom »Koch der Köche«, Joachim Wissler.

Zutaten:

- 500 g Tafelspitz vom Milchkalb (beim Metzger vorbestellen)
- Butterschmalz zum Anbraten
- 150 g Schmorgemüse (Karotten, Sellerie, Lauch)
- 300 ml Kalbsfond
- 200 g Wirsing, die hellgrünen Blätter
- 50 g Schalotten
- 20 g Bauchspeck
- Butter zum Anschwitzen
- 200 ml Geflügelbrühe
- 12 abgezogene Perlzwiebeln
- Butter und Zucker zum Karamellisieren
- weißer Balsamico
- Olivenöl
- 2 Thymianzweige
- 1 Dose Wintertrüffel (das Gericht schmeckt aber auch ohne)
- Dijonsenf
- Fleur de Sel, weißer Pfeffer
- etwas Kerbel zum Garnieren

Zubereitung:

1 Ofen auf 120 Grad Ober-/Unterhitze vorheizen.

2 In einer Pfanne Tafelspitz in Butterschmalz rundum anbraten. Karotten, Sellerie und Lauch in feine Blättchen schneiden, zum Tafelspitz geben und mit dem Kalbsfond aufgießen. Zugedeckt in den Ofen geben und ca. 35 bis 40 Minuten schmoren lassen.

3 In der Zwischenzeit Wirsing putzen, blanchieren und in feine Streifen schneiden. Schalotten und Speck fein würfeln. Alles in einer Kasserolle in Butter farblos anschwitzen, mit der Geflügelbrühe auffüllen und bissfest dünsten.

4 Die Perlzwiebeln in einem separaten Topf mit etwas Butter und Zucker karamellisieren lassen, mit dem Balsamico und etwas Olivenöl beträufeln. Thymianzweige beifügen. Den Topf mit Alufolie fest verschließen und die Perlzwiebeln bei mittelhoher Hitze ca. 20 Minuten weich schmoren.

5 Gegebenenfalls die Trüffelscheiben unter den Wirsing heben. Mit etwas Dijonsenf verfeinern.

6 Tafelspitz in Scheiben schneiden. Mit Fleur de Sel und weißem Pfeffer würzen. Das Schmorgemüse zuerst auf der Tellermitte anrichten. Das Fleisch auflegen. Den Wirsing dekorativ dazulegen und mit etwas Kerbel und den restlichen Trüffelscheiben garnieren. Zuletzt die Perlzwiebeln locker anlegen. Alles mit Schmorsaft bedecken.

Beefburger pur –
Highlight für Protein-Orgien

Hier habe ich nach einer Lehrstunde bei Thomas Keller (French Laundry, Per Se) ein neues, von ihm adaptiertes Konzept eingebracht – ganz das GOURMET-PRINZIP. Die Qualität wird durch drei verschiedene Sorten Rindfleisch, die Art ihrer Vorbereitung und die Ruhe des Grillvorgangs bestimmt. Wer keinen Fleischwolf zu Hause hat, lässt sich das Fleisch beim Metzger frisch verarbeiten.

Phase 1
Eiweiß »pur«

Zutaten für 6 Personen:

750 g	Rinderlende
350 g	Rinderschulter
350 g	Rinderhüfte
2 TL	Paprikapulver edelsüß
2 TL	Meersalzflocken
2 TL	Mélange Noir (siehe Glossar)
	Meersalz zum Bestreuen

Zubereitung:

1 Alle Fleischteile vom überschüssigen Fett und den Sehnen befreien. Das Fleisch in 3 × 3 Zentimeter große Stücke schneiden. Vor dem Wolfen gut nach Geschmack mit den Gewürzen vermengen.

2 Die Küchenmaschine mit dem Fleischwolf ausrüsten und alle Fleischstücke zunächst durch die grobe Scheibe drehen. Das gewolfte Fleisch in einer Schüssel auf Eiswasser auffangen. In einem zweiten Gang alles durch die feinere Scheibe drehen.

3 Das Fleisch nochmals abschmecken. Dann aus der Masse vorsichtig, ohne Kneten und Pressen, 6 gleich große, knapp 3 Zentimeter hohe Burger formen.

4 Einen Grill oder eine große Grillpfanne vorheizen. Die Burger über mittelhoher Hitze zunächst 3 Minuten grillen, ohne sie zu bewegen. Einmal wenden und wieder 3 Minuten grillen. Achten Sie auf die Grillmarkierung, also die Streifen, die sich auf der Fleischoberfläche ergeben.

5 Hitze auf die Hälfte reduzieren und die Burger auf jeder Seite weitere 4 Minuten garen. Danach an einem warmen Ort 5 bis 8 Minuten ruhen lassen. Das Ergebnis sind Burger medium rare – saftig, würzig, yummy!

Und jetzt kann der Gourmet sich aus einer Fülle von Beilagen nach Lust und Laune bedienen. Nur nicht in der Protein-Phase.

TIPP

Um alle Fleischreste aus dem Fleischwolf zu entfernen, lassen Sie ein Stück Pergamentpapier der Länge nach mitlaufen, wobei man das Ende in der Hand behält. So kommt auch der letzte Rest aus der Maschine sauber heraus.

Schlankgeheimnis Selberkochen

Thai-Burger
mit Mango und Chiliketchup

In der Umgewöhnungs-Proteinphase gibt es den saftigen Beefburger pur als ein mögliches Gericht. Da wir aber auch an die vielen Willigen denken, denen das zu puristisch ist (uns manchmal auch), gibt es hier eine kleine, asiatisch angehauchte Variation.

Zutaten:

1	Beefburger nach dem Rezept auf Seite 102
1	Mango, nicht ganz reif (die Frucht gibt beim Andrücken kaum nach)
50 ml	scharfes Ketchup
50 ml	süß-scharfe Chilisauce (Asialaden)
2	Frühlingszwiebeln in dünnste, schräge Scheiben geschnitten

Zubereitung:

1 Beefburger wie auf Seite 102 beschrieben zubereiten und warm stellen.

2 Die Mango in ca. 3 Millimeter dicke Scheiben schneiden.

3 Aus dem Ketchup und der Chilisauce eine warme Mischung herstellen, eventuell mit Curry abschmecken.

4 In leicht tiefen Tellern den Großteil der Mangoscheiben fächerförmig anlegen. Darauf ein paar Frühlingszwiebeln verteilen und mit einigen Löffeln der Sauce bedecken. Die Burger jeweils obenauf anrichten, mit der Mango dekorieren und mit dem Rest des Chiliketchups und den Frühlingszwiebeln bedecken.

Rindfleisch-Gemüse-Rouladen
japanisch

Auf meiner Suche nach neuen Rezepten stieß ich auf die berühmte japanische Köchin und Food-Autorin Harumi. Das folgende Rezept von ihr hat mich sehr begeistert, weil es eine schöne Verbindung der deutschen »Fleischeslust« mit der aufregend leichten japanischen Küche herstellt. Dazu passt grüner Salat oder Feldsalat mit einer leichten Kräutervinaigrette.

Zutaten:

Für die Marinade:

4 EL	helle Sojasauce
1 EL	Sake (alternativ: sehr trockener, heller Sherry)
2 EL	Sesamöl
2 EL	feinster Zucker
2 EL	Rotwein
3 EL	gemahlene Sesamsamen (z. B. in einer kleinen Kaffeemühle)
2 TL	fein geriebener Knoblauch
1 TL	frisch geriebener Ingwer
	frisch gemahlener schwarzer Pfeffer, etwas Chilipulver

Für die Rouladen:

200 g	grüner Spargel
80 g	Keniabohnen, geputzt
	kristallines Meersalz/ Meersalzflocken
4	sehr dünn geschnittene Rindsrouladen bester Fleischqualität
	Olivenöl zum Anbraten

Zubereitung:

1 Für die Marinade alle Zutaten in einer Schüssel gut vermischen. Am besten 2 bis 3 Stunden ziehen lassen.

2 Die holzigen Enden vom Spargel entfernen, eventuell den oberen Anteil schälen. Spargel und Bohnen in kochendem Salzwasser bissfest blanchieren, in Eiswasser abschrecken. Auf einem Küchentuch abtropfen lassen und beiseitestellen.

3 Die Rouladen auf einer Platte oder einem großen Teller auslegen und von beiden Seiten mit der Marinade bestreichen.

4 Spargel und Bohnen portionsweise auf die Fleischstücke legen, mit Meersalzflocken nachwürzen (ich habe auch Vanillesalz probiert: das gewisse Extra!) und dann jeweils eine Roulade formen.

5 Olivenöl in eine mittelhoch erhitzte Pfanne geben und die Rouladen rundherum sehr kurz anbraten. Sie sind sehr schnell gar, und so bleibt das Fleisch zart.

6 Die Rouladen je in 3 Teile schneiden und auf Tellern anrichten. Mit der restlichen Marinade überziehen.

Carpaccio von Roter Bete
mit Bündner Fleisch

Immer mehr alltägliche Handlungen werden zunehmend unter dem Aspekt Gesundheit betrachtet. Und wie bei allen Trends, die man zu entdecken glaubte, wird schnell das Attribut »Mega-« davor gesetzt. Das GOURMET-PRINZIP betrachtet besagten Aspekt als normal, da der Erfolg dieses Prinzips die Gesundheit als solche ist.

Zutaten:

Für die Vinaigrette:

1	Bio-Zitrone
1 EL	Honig
1 EL	mild-scharfer Senf
2 EL	bestes Olivenöl
	Salz, Pfeffer

Für das Carpaccio und das Fleisch:

250 g	Rote Bete (vorgekocht aus der Vakuumpackung, sehr gute Qualität)
100 g	Bündner Fleisch oder sonstiges luftgetrocknetes Fleisch, vom Metzger schon in dünne Scheiben schneiden lassen
50 g	Schnittlauchröllchen
	einige Wildkräuter

Zubereitung:

1 Für die Vinaigrette Zitronenschale abreiben, Zitrone dann auspressen. Saft und Schalenabrieb mit den übrigen Zutaten vermischen, mit Salz und Pfeffer pikant abschmecken.

2 Die Rote Bete mit der Küchenreibe sehr fein in Scheiben hobeln, gleich auf den Tellern fächerförmig anrichten. Mit einem Teil der Vinaigrette beträufeln.

3 Das Bündner Fleisch leicht zusammengerollt zu der Roten Bete auf den Tellern separat anlegen.

4 Das Rote-Bete-Carpaccio mit der restlichen Vinaigrette überziehen. Mit Schnittlauch und Wildkräutern fein ausdekorieren.

Tatar
vom Rind und Thunfisch

Das Rindertatar hat mir mein »Lehrherr« und Freund Hans Haas beigebracht, und ich kenne kein besseres. Das Rezept für das Thunfischtatar habe ich mir mal in Belgien aufgeschrieben, und auch das ist pure Frische.

Phase 1
Eiweiß »pur«

Zutaten:

Für das Rindertatar:

150 g	Rindfleisch von der Oberschale (oder Schulter)
1 EL	Maiskeimöl
½ TL	Paprikapulver edelsüß
1 TL	Dijonsenf
	Salz, Pfeffer, Cayennepfeffer
1 EL	Schalotten
1	kleinere Essiggurke
½ TL	Kapern
⅓	Sardellenfilet, fein gehackt
1 TL	Tomatenketchup
½	Eigelb
20 ml	Gurkenwasser

Für das Thunfischtatar:

120 g	Thunfisch, Sushi-Qualität
1 EL	Olivenöl
2 EL	Maiskeimöl
1 EL	Aceto balsamico (jung)
2	Scheiben Knoblauch
	Salz, weißer Pfeffer, Zucker, evtl. 1 Tropfen Sesamöl
1 TL	Schnittlauchröllchen

Zubereitung:

Rindertatar:

1 Rindfleisch in Würfel zu 2 × 2 Zentimeter schneiden. Mit Öl, Paprikapulver und Senf vermischen. Mit Salz, Pfeffer und etwas Cayennepfeffer pikant würzen und durch die feine Scheibe des Fleischwolfs drehen. Wer keinen Fleischwolf zu Hause hat, lässt sich das Tatar frisch beim Metzger verarbeiten.

2 Schalotte und Essiggurke fein würfeln, Kapern fein hacken. Zusammen mit den übrigen Zutaten unter das Fleisch mengen und mit Gurkenwasser, Salz, Pfeffer und Cayennepfeffer pikant abschmecken.

Thunfischtatar:

1 Den Thunfisch sorgfältig in kleine Würfel schneiden.

2 Olivenöl, Maiskeimöl und Aceto balsamico vermischen. Die Knoblauchscheiben für 10 Minuten darin marinieren und dann wieder herausnehmen.

3 Den Thunfisch vorsichtig mit der Marinade vermengen. Mit Salz, weißem Pfeffer, 1 Prise Zucker und eventuell Sesamöl pikant abschmecken. Erst kurz vor dem Servieren den Schnittlauch vorsichtig unterheben.

Beide Tatars in unterschiedlichen Ring- oder Rechteckformen auf Tellern anrichten. Nach Belieben Wildkräuter oder Portulak in Marinade anlegen.

Lammburger mit Zucchinirösti

und Koriander-Joghurt-Dip

Bei Lammburgern ist es besonders wichtig, nur hervorragendes Fleisch von jungem Lamm beim Metzger zu bestellen und davon das Hack zu nehmen. Die Joghurtsauce ist sehr erfrischend, nimmt ein bisschen die Wuchtigkeit aus diesem Gericht und ergänzt hervorragend die Zucchinirösti.

Zutaten:

450 g	Lammhack aus der Schulter oder Oberschale (vom Metzger wolfen lassen)
	Salz, Pfeffer
250 g	griechischer Joghurt
1	großes Bund Koriandergrün, grob gehackt
1	kleine Knoblauchzehe, fein gehackt
1	mittelgroße Zucchini
1	mittelgroße Kartoffel, mehlig- bis festkochend
1	Ei (Größe L)
1 EL	Petersilie, gehackt
	Zitronenzesten
1 – 2 EL	Pankobrotbrösel (Paniermehl aus dem Asialaden)
1 EL	Butter

Zubereitung:

1 In einer Schüssel das Lammhack mit Salz und Pfeffer vorsichtig, aber gründlich mischen.

2 Aus der Masse 4 Burger formen und zunächst beiseitestellen.

3 Joghurt, Koriandergrün und Knoblauch vermengen und mit Salz abschmecken.

4 Zucchini und Kartoffel auf der groben Raspel reiben. Das Verhältnis sollte 2 Teile Zucchini und 1 Teil Kartoffel sein. Mit Salz großzügig würzen und nach dem Durchmischen die Masse in einem Sieb für ca. 30 Minuten austropfen lassen. Je trockener die Masse, umso besser hält sie beim Backen zusammen.

5 In einer zweiten Schüssel das Ei, die Petersilie und die Zitronenzesten mischen und mit Salz und Pfeffer kräftig würzen.

6 Die abgetropfte Zucchinimasse in einem Küchentuch von restlicher Flüssigkeit befreien. Mit den Pankobröseln vermischen und danach mit der Eimischung vermengen.

7 Grill oder Grillpfanne mittelhoch erhitzen. Die Lammburger in der Grillpfanne nach Wunsch grillen (wir mögen es gerne medium bis well done). Warm stellen. In einer heißen Pfanne die Butter schmelzen und die Zucchinirösti flach goldbraun auf beiden Seiten ausbacken. Lammburger auf Zucchinirösti legen und mit Korianderjoghurt beträufeln.

Milchlammkarree mit Koriander-Minze-
Taboulé und Artischocken-Curry-Schaum

Für mich gehört Lamm zu den Big Five der Fleischküche: Rind, Kalb, Lamm, Geflügel, Wild. Aber nur die beste Qualität ergibt das perfekte Ergebnis. Ich bevorzuge Milchlamm von einem regionalen Erzeuger.

Zutaten:

Für den Schaum:

100 g	Schalotten, fein gewürfelt
je ½ EL	Maiskeimöl und Butter
250 g	Artischockenblätter von lila Miniartischocken (geputzte Böden in Zitronenwasser aufheben)
2	Tomaten, gewürfelt
½ TL	Currypulver
½ TL	gemahlene Kurkuma
50 ml	Weißwein
50 ml	Noilly Prat
750 ml	Tomatenessenz (siehe Grundrezept Seite 145)
75 g	mehlig kochende Kartoffeln, gerieben
	Salz, Pfeffer, Cayennepfeffer und Zitronensaft zum Abschmecken
2 EL	geschlagene Sahne

Für das Lamm:

500 g	Milchlammkarree, küchenfertig vorbereitet, Rippen geputzt
	Salz, Pfeffer
½ EL	Maiskeimöl

Zubereitung:

1 Ofen auf 160 Grad Ober-/Unterhitze vorheizen.

2 Artischocken-Curry-Schaum zubereiten: Schalotten in Öl und Butter anschwitzen. Artischockenblätter zufügen und 5 Minuten mitbraten. Tomaten, Curry und Kurkuma unterrühren und sofort mit Wein und Noilly Prat ablöschen. Kurz einkochen. Tomatenessenz und geriebene Kartoffeln hinzufügen und 30 bis 35 Minuten köcheln lassen. Mit Salz, Pfeffer, Cayennepfeffer und Zitronensaft fein abschmecken. Durch ein Sieb passieren und warm halten.

3 Den Taboulé-Mix in einer Schüssel mit 125 Milliliter kochendem Wasser übergießen und abgedeckt quellen lassen.

4 Das Lammkarree salzen und pfeffern, in einer Pfanne bei starker Hitze mit Maiskeimöl von beiden Seiten anbraten, auf ein Gitterrost setzen und im Ofen für 10 bis 15 Minuten weitergaren. Anschließend noch 5 Minuten ruhen lassen.

5 In der Zwischenzeit das Taboulé mit gehackter Minze, Koriander, Paprikawürfeln und den Ofentomaten vermengen und mit Zitronenabrieb abschmecken. Eventuell mit etwas Olivenöl auflockern.

6 Den Artischocken-Curry-Fond mit der Sahne nochmals aufkochen und mit dem Stabmixer zum Schaum aufrühren.

Zutaten:

Für das Taboulé:

125 g	Oriental Taboulé (fertiger Mix)
je 1	Bund Minze und Koriander
2 EL	rote Paprika, geschält und sehr fein gehackt
2 EL	fein gehackte Ofentomaten (siehe Rezept Seite 61)
	Zitronenschale zum Abschmecken

Zubereitung:

7   Auf großen Tellern das Taboulé jeweils zu einer lockeren Nocke anrichten. Je ein halbes Lammkarree anlegen, mit dem Schaum umgießen und beträufeln. Mit Minz- und Korianderblättern ausdekorieren.

Keule vom Ostermilchlamm
auf Kartoffelgemüse

Dieses Gericht stammt aus dem Ideenreservoir von Hans Haas, geprägt von seinem untrüglichen Gespür für das Produkt und die fantasievolle Einfachheit der Zubereitung. Das Rezept geht auch für 2 Personen, es wird einfach gedrittelt.

Zutaten für 6 Portionen:

Für das Lamm:

4 – 5 EL	weiche Butter
2	Knoblauchzehen, fein gehackt
1 EL	Blattpetersilie, gehackt
1 TL	gezupfte Thymianblättchen
1 TL	Rosmarinnadeln, fein gehackt
3	Keulen vom Milchlamm à ca. 800 g mit Knochen
	Salz, Pfeffer

Für das Kartoffelgemüse:

1 kg	festkochende Kartoffeln, geschält
4	weiße Zwiebeln, abgezogen
	Meersalz, Pfeffer
½	Knolle junger Knoblauch
2 – 3	Lorbeerblätter
2	Zweige Thymian
1	Zweig Rosmarin
6	junge Frühlingszwiebeln, fein geschnitten

Zubereitung:

1   Ofen auf 140 Grad Ober-/Unterhitze vorheizen.

2   Butter schaumig rühren, Knoblauch und Kräuter untermischen.

3   Lammkeulen damit rundum einreiben und mit Folie bedeckt ca. 3 Stunden ruhen lassen. Danach die Keulen mit Salz und Pfeffer würzen.

4   Kartoffeln und Zwiebeln in nicht zu dünne Scheiben schneiden und auf dem Boden eines Bräters verteilen, mit Meersalz und Pfeffer würzen. Knoblauchknolle quer in dünnerer Scheiben schneiden, mit den Kräutern über dem Gemüse verteilen. Milchlammkeulen auflegen. 1 Liter Wasser seitlich angießen.

5   Das Fleisch im Ofen ca. 1½ Stunden bei 140 Grad garen. Danach den Ofen auf 160 bis 180 Grad schalten und die Keulen für eine weitere ½ Stunde fertig garen, dabei unter häufigem Begießen bräunen lassen.

6   Jeweils 2 Scheiben von der Lammkeule auf Tellern anrichten, mit dem Kartoffelgemüse ergänzen und den Schmorfond angießen. Eventuell mit etwas Fleur de Sel abschmecken. Mit den Frühlingszwiebeln bestreuen.

(Rezept: Hans Haas, Tantris)

Maibock
in Kakaobruch-Langpfeffer-Marinade

Dieser Termin wird von allen Gourmets rot im Kalender angestrichen:
Ab dem 1. Mai ist die Jagd eröffnet. Damit kommt auch dieses Stück Wild
unbedingt auf die Karte – für das GOURMET-PRINZIP ein Idealfall.

Zutaten:

- 350 g Rehrücken, ausgelöst und pariert, in 2 Stücke portioniert
- 1 TL Haselnussöl
- 2 EL Kakaobruch
- 1 EL Langer Pfeffer (siehe Glossar)
- 1 TL Kaffeepulver
- 1 EL Butter
- 1 EL Maiskeimöl

Zubereitung:

1 Wasser in einem mittelgroßen Kochtopf zum Sieden bringen. Ofen auf 80 Grad vorheizen.

2 Den Rehrücken mit dem Haselnussöl einpinseln.

3 Aus dem Kakaobruch, dem Pfeffer und dem Kaffee im Mörser eine Mischung herstellen. Die Rehrückenstücke darin wälzen, sodass sie überall gut bedeckt sind.

4 Jede Fleischportion einzeln in Gastro-Klarsichtfolie (hitzefest) straff einrollen, dann in Alufolie wie ein Bonbon sehr fest zusammenschnüren.

5 Die Päckchen im siedenden Wasser für 8 Minuten garen. Anschließend im Ofen oder Hold-o-mat für weitere 10 Minuten nachziehen lassen.

6 Fleisch aus der Folie nehmen und in einer mittelheißen Pfanne in Butter und Maiskeimöl weiter braten.

7 Etwa 4 Minuten warm entspannen lassen. Nach Belieben anschneiden (z. B. längs) und pur mit etwas Jus servieren.

Geflügel und Fleisch

Kalbsleber Berliner Art –
wie früher, nur besser

Die meisten Menschen mögen Innereien nur bedingt oder gar nicht. Das ist schade, denn auch hierin liegt eine Menge Potenzial für eine Küche nach dem GOURMET-PRINZIP.

Zutaten:

2 Scheiben Kalbsleber, ca. 1 cm dick
  Mehl zum Bestäuben

4 Grenaille-Kartoffeln, ungeschält, gewaschen und in feinste Würfel geschnitten
  Öl zum Anbraten

2 mittelgroße Zwiebeln, mit dem Gemüsehobel in dünne Scheiben geschnitten

1 süß-saurer Apfel, hier Bio Topas, entkernt und in Scheiben geschnitten mit Schale
  Zucker zum Karamellisieren

3 EL Butterschmalz

3 EL Kalbs-Demi-Glace
  Fleur de Sel,
  Pfeffer aus der Mühle

Zubereitung:

1 Die Leber waschen, trockentupfen, sauber parieren.

2 Die Kalbsleberscheiben mit wenig Mehl bestäuben, gut abklopfen.

3 In einer Pfanne die Kartoffelwürfel in heißem Öl anbraten und langsam goldbraun ziehen lassen. In der Pfanne beiseiteschieben und in der anderen Hälfte die Zwiebeln ebenfalls goldbraun braten.

4 In der zweiten Pfanne die Apfelscheiben in wenig Zucker karamellisieren lassen und weich, aber noch bissfest dünsten.

5 In einer dritten großen Pfanne Butterschmalz auf mittelhohe Temperatur erhitzen, die Kalbsleber einlegen und auf jeder Seite ca. 4 bis 5 Minuten braten, dabei einmal wenden. Mit Fingerprobe Garpunkt testen. Leber vom Feuer nehmen und nachziehen lassen. Sie sollte einen leicht rosa Kern haben. Kurz mit einem Teil der Demi-Glace glacieren.

6 Die Leber jeweils in der Mitte der Teller anrichten, mit Fleur de Sel und Pfeffer würzen. Die Apfelscheiben dekorativ anlegen, die Zwiebeln obenauf garnieren. Die Kartoffelwürfel seitwärts anhäufen, eventuell mit Rosmarinzweig ausdekorieren. Die restliche Demi-Glace auf dem Teller nappieren.

Asia-Gemüsesuppe
mit pochiertem Huhn

Es gab Jahre, da begann das Jammern über das Gewicht bereits mitten im Winter. »Schlank Madame«, die allen neuen »Diäten« sinnloserweise folgte, entdeckte die »Magic Soup« und so kochte sie riesige Töpfe dieser Suppe. Hier stelle ich nun eine Suppe vor, quasi die Gourmetversion, die das Fasten auf ungleich feinere Art einleiten und unterstützen kann.

Zutaten:

1	rote Chilischote
2	Stiele Zitronengras
6	Kaffirlimeblätter
750 ml	Gemüsebrühe
1	kleine Hühnerbrust am Knochen mit Haut
2	Karotten
75 g	Shiitakepilze oder auch Egerlinge, geputzt in dickere Scheiben geschnitten
	Öl zum Anbraten
200 g	Chinakohl (nach Geschmack auch weniger)
	Salz, Pfeffer
100 g	breite Asianudeln (für die Fastenversion lässt man sie einfach weg)
4	dünne Frühlingszwiebeln, lang schräg schneiden

Zubereitung:

1 Chilischote klein schneiden, zusammen mit dem gehackten Zitronengras und dem größten Teil der Kaffirblätter zur Brühe geben. Kurz aufkochen, dann die Hühnerbrust einlegen. Diese sollte möglichst vollkommen bedeckt sein. Für ca. 20 Minuten pochieren.

2 Karotten in feine Streifen schneiden, zusammen mit den Pilzen in der heißen Pfanne in Öl anbraten, danach dieses Gemüse herausnehmen und im Bratfett den Chinakohl ebenfalls anbraten.

3 Fleisch aus der Brühe nehmen, diese durch ein Sieb abgießen und auffangen. Würzig abschmecken und nochmals kurz aufkochen. Falls man die Asianudeln als Beilage essen möchte, diese jetzt nach Angabe in der Brühe garen.

4 Gemüse zur Suppe geben, kurz ziehen lassen. Frühlingszwiebeln in etwas Öl andünsten.

5 Suppe in tiefe Teller geben, das Fleisch in dünnen Scheiben auflegen. Mit den Frühlingszwiebeln und den restlichen Kaffirblättern ausdekorieren. Mit schwarzem Pfeffer aus der Mühle bestreuen.

(Rezept adaptiert nach S. Paul)

Pork Cilantro Meatballs –
eine Hommage an Little Italy

In New York gibt es diese authentischen Restaurants vor allem in den Seitenstraßen von Little Italy. Die Italiener haben hier eine Kultur des Essens wie in ihrer Heimat geschaffen und die Gerichte mit einigen Anpassungen an den amerikanischen Geschmack hoffähig gemacht. Für unser GOURMET-PRINZIP ist dieses hier nahezu perfekt.

Zutaten:

Für die Meatballs:

500 g	Schweinehack vom Halsgrat
1	weiße Zwiebel, fein gehackt
1	Knoblauchzehe, durchgedrückt
1 TL	Chiliflocken
3 EL	Püree von sonnengetrockneten Tomaten (die Ofentomaten von Seite 61 sind die frische Variante)
4 EL	frischer Koriander, gehackt

Für die Sauce:

1	weiße Zwiebel, fein gewürfelt
1	Knoblauchzehe, durchgepresst
875 g	Tomaten, gestückelt (Konserve)
150 ml	Gemüsebrühe
125 g	sonnengetrocknete Tomaten in Öl (auch hier Ofentomaten möglich)

Zubereitung:

Meatballs:

1 Ofen auf Grillstufe vorheizen.

2 Alle Zutaten für die Meatballs gründlich miteinander vermengen. Kräftig mit Salz und Pfeffer. Mit einem Eisportionierer gleich große Bällchen formen, so erhalten sie die gleiche Garung.

3 Die Meatballs unter dem Grill auf einem Blech für 6 bis 8 Minuten garen, dabei ein- oder zweimal wenden.

Sauce:

1 In eine Sauteuse alle Zutaten für die Sauce füllen, zum Kochen bringen, die Hitze auf mittelhoch reduzieren. 10 Minuten köcheln lassen.

2 Die Hälfte der Sauce mit dem Zauberstab pürieren und zurück in die Sauteuse geben. Nochmals erhitzen.

Die Fleischbällchen in die Sauce einlegen, sodass sie bedeckt sind. In tiefen Pastatellern servieren. Mit frischem Koriander ausdekorieren. Schmecken gut mit Pasta (Spaghetti), sind aber auch pur immer ein Genuss.

Carne-cruda-Carpaccio
mit Pilzen und Sauerrahm

Grundvoraussetzung ist ein sehr, sehr gutes Rinderfilet. Hier eine schnelle
Variante, die auch mal mittags ohne großen Aufwand zuzubereiten ist.

Zutaten:

	frisch gemahlener schwarzer Pfeffer
	Fleur de Sel oder Maldon-Salz
300 g	Rinderfilet, nur allerbeste Qualität vom einheimischen Rind
3 EL	Olivenöl
4 EL	Sauerrahm
1 EL	Mayonnaise
	Zitronensaft zum Abschmecken
	etwas Schnittlauch
6	mittelgroße braune Champignons
40 g	Parmesan am Stück

Zubereitung:

1 Auf einem Anrichtetablett eine Pfeffer-Salz-Straße herrichten.
Das Rinderfilet durch diese Mischung rollen, bis die Mischung
rundherum haften bleibt.

2 Olivenöl in einer Pfanne mittelhoch erhitzen, das Filet rundherum scharf anbraten. Aus der Pfanne heben und auf einem
Anrichtetablett mindestens 15 bis 20 Minuten in das Gefrierfach
stellen (Gefriergrad kontrollieren, das Fleisch sollte nur gering
angefroren sein).

3 Den größten Teil des Sauerrahms mit der Mayonnaise (gibt einen
runderen Geschmack) verrühren, mit Salz und etwas Zitronensaft
abschmecken. Schnittlauch in längere Stücke schneiden. Champignons putzen und fein hobeln.

4 Das leicht angefrorene Rinderfilet aus dem Kühlfach nehmen.
Entweder mit einem sehr scharfen Messer in möglichst dünne
Scheiben schneiden (rustikales Ergebnis) oder mit der Schneidema-
schine gleichmäßige, nicht zu feine Scheiben abschneiden (elegan-
tere Version). Auf Tellern in Rosettenform verteilen. Mit restlichem
Sauerrahm dekorativ beträufeln. Champignons und Schnittlauch
hinzufügen und mit bestem Olivenöl abschließen. Parmesan frisch
hobeln und als Letztes hinzufügen.

Oeufs en cocotte

2009 habe ich dieses Gericht im »Aux Lyonnais«, einem der Bistros von Alain Ducasse, als Edelvorspeise wiederentdeckt. Für Supergourmets: Ersetzen Sie den Speck durch Scheiben vom Bayonne-Schinken, im Ofen bei 80 Grad getrocknet.

Eiweiß »pur«

Zutaten:

Butter für die Auflaufförmchen

1 große Schalotte

150 g Pilze (Totentrompeten, Schafspilze, Champignons, Morcheln)

3 EL Butter Demi-Sel (gesalzen)

Salz

frisch gemahlener schwarzer Pfeffer

1 Zweig frischer Estragon: Blätter gewaschen, trocken getupft, klein geschnitten

3 EL Crème fraîche

6 Scheiben Frühstücksspeck

2 Eier (Größe L, sehr frisch)

Fleur de Sel

Zubereitung:

1 Backofen auf 180 Grad Ober-/Unterhitze vorheizen. Eine große Auflaufform mit heißem Wasser füllen und hineinstellen.

2 Feuerfeste Auflaufförmchen (10 cm Durchmesser, 4 cm hoch) mit Butter gut ausstreichen.

3 Schalotte fein würfeln. Pilze gut putzen und zu mittlerer Größe würfeln oder blättrig schneiden.

4 Schalotte in Butter andünsten, Pilze dazugeben und mit anschwitzen. Mit Salz und Pfeffer gut würzen.

5 Boden der Förmchen mit Estragon ausstreuen. Mit einer Lage Crème fraîche bedecken. Darüber eine gute Lage der Pilz-Schalotten-Mischung legen. Erneut mit Salz und frisch gemahlenem Pfeffer würzen.

6 Die Speckscheiben kross braten und auf Küchenpapier abfetten.

7 Die Eier vorsichtig aufschlagen und sehr behutsam auf die Pilze geben.

8 Förmchen in das heiße Wasserbad stellen, die untere Hälfte sollte vom Wasser bedeckt sein. Kontrolliert garen lassen, dabei nach ca. 8 bis 10 Minuten die Konsistenz prüfen. Das Eiweiß sollte gerade fest sein, das Eigelb noch weich und flüssig.

9 Mit Speckscheiben garnieren und Fleur de Sel auf das Ei streuen.

Geflügel und Fleisch

Lachsforelle mit Senfgurken
nach Martin Fauster

Hans Haas und sein früherer Sous-Chef Martin Fauster brachten mir bei, das Produkt Fisch sehr respektvoll zu bearbeiten und intensiv nach ergänzenden Zutaten zu suchen, die den Fisch perfekt begleiten.

Zutaten:

- 2 Scheiben Pumpernickel, etwas als »Sand« nach dem Mixen zurückbehalten
- 1 Schuss Milch
- 100 g Senfgurken, eingelegt
- 2 EL Butter zum Anschwitzen, Einfetten und Bestreichen
- 20 ml Riesling
- 2 EL Champagneressig, alternativ: Weißweinessig
- 20 ml Gurkenwasser

  Salz, Pfeffer, Zucker
- 2 Lachsforellenfilets ohne Haut à 80 bis 100 g
- 4 EL Sauerrahm
- 1 EL Maiskeimöl

  Zitronensaft

  Cayennepfeffer
- 4 große, knackige Radieschen, in 2 mm dünne Scheiben gehobelt

  Dill, Schnittlauch, Kerbel

  Pink Salt oder Fleur de Sel

Zubereitung:

1 Ofen auf 120 Grad Umluft vorheizen. Pumpernickel im Blitzhacker sehr fein mixen. Den Großteil davon mit wenig Milch zu einer sämigen Masse verarbeiten. Auf eine Backmatte oder Backpapier aufstreichen. Im Ofen ca. 1 Stunde trocknen. Kurz abkühlen lassen und die Chips in entsprechende Form schneiden. Unter Alufolie warm halten. Ofen auf 80 Grad Ober-/Unterhitze reduzieren.

2 Senfgurken in nicht zu kleine Würfel schneiden. In einer Kasserolle in etwas Butter anschwitzen. Mit Riesling, Champagneressig und Gurkenwasser ablöschen. Mit Salz, Pfeffer und 1 Prise Zucker fein abschmecken. Beiseitestellen. Vor dem Servieren gehackten frischen Dill unterheben.

3 Teller mit Butter einfetten, zimmerwarme Forellefilets auflegen und mit Butter bestreichen. Mit Klarsichtfolie fest abdecken und im Ofen ca. 10 Minuten lauwarm marinieren.

4 Aus Sauerrahm, Maiskeimöl und Zitronensaft eine Marinade herstellen, mit Cayennepfeffer, Salz und Pfeffer würzig abschmecken. Die Radieschenscheiben darin marinieren.

5 Auf großen Tellern mittig das Gurkengemüse anrichten. Darauf jeweils ein Forellenfilet platzieren. Etwas Pumpernickelsand anlegen, die marinierten Radieschen fein ausdekorieren, mit Schnittlauchröllchen bestreuen. Je 1 Pumpernickelchip auflegen und den Fisch mit Pink Salt oder Fleur de Sel würzen. Mit Kerbel dekorieren.

Variationen vom Räucherlachs
mit zweierlei Bohnen

Vor einigen Jahren hat ein sehr mutiger und leidenschaftlicher Gourmet die Zeitschrift EFFILEE gegründet. Die spannendste Rubrik ist der »Schnelle Teller«. Hier ein tolles Beispiel.

Zutaten:

250 g	grüne Bohnen (Prinzessbohnen)
	Salz
200 g	weiße Bohnen (sehr gute Qualität aus dem Glas, meist aus Frankreich)
1	Schalotte
2 EL	flüssiger, aromatischer Honig
2 EL	Champagneressig, alternativ auch Weißweinessig
1 TL	Wasabi
4 EL	bestes Olivenöl
2	Stängel Dill, fein gehackt
150 g	Räucherlachs pro Person (z. B. schottisch, irisch und Balik-Filet)

Zubereitung:

1 Grüne Bohnen putzen, in kochendem Salzwasser für ca. 8 Minuten bissfest blanchieren und in Eiswasser abschrecken. Durch ein Sieb abgießen. Die weißen Bohnen währenddessen in einem Sieb abtropfen lassen.

2 Schalotte sehr fein würfeln, mit dem Honig, dem Essig, dem Wasabi (nach Geschmack und gewünschter Schärfe) und dem Olivenöl zu einer Vinaigrette verrühren. Die Hälfte des fein gehackten Dills unterheben und mit Salz würzen.

3 Die Bohnen vorsichtig unterziehen und in der Vinaigrette benetzen.

4 Auf großen Tellern den Räucherlachs jeweils fein anlegen. Den Bohnensalat dazu dekorieren und mit restlichem Dill garnieren.

Räucherforelle
auf lauwarmem Linsensalat

Die Gourmetküche hat schon immer die besondere, geschmackvolle Bedeutung der Linse gekannt. Sie ist eiweißreich, nahrhaft und eine erdig-sanfte Begleitung zu vielen Hauptzutaten wie Fleisch, Geflügel, Wurst und Fisch.

Zutaten:

200 ml	Tomatenessenz (siehe Grundrezept Seite 145)
je ½ Tasse	grüne (De Puy), gelbe und rote (bereits geschälte) Linsen
50 g	Mirepoix (siehe Glossar), sehr fein gewürfelt von Karotte, Stangensellerie, Lauch und Zuckerschoten
½	weiße Gemüsezwiebel, fein gewürfelt
2	Scheiben Ofentomaten, sehr fein gewürfelt (siehe Seite 61)
	Salz, Pfeffer
1 TL	mittelscharfer Senf
1 – 2 EL	Balsamico bianco
1 EL	Haselnussöl
2	Forellenfilets, mild geräuchert
	Kräuter zum Dekorieren

Zubereitung:

1 200 Milliliter Tomatenessenz erhitzen. Die grünen Linsen dazugeben und langsam weich, aber bissfest garen. Nach ca. 20 Minuten die gelben und die roten Linsen hinzufügen und ebenfalls bissfest garen. Immer wieder probieren.

2 Kurz vor Ende der Garzeit das Gemüse-Mirepoix, die Gemüsezwiebel und die Ofentomaten dazugeben und mit ziehen lassen.

3 Mit Salz, Pfeffer, Senf sowie dem Balsamico und dem Haselnussöl fein-würzig abschmecken. Noch 1 weitere Minute bei milder Hitze garen.

4 Auf den Tellern jeweils in einer größeren Reihe Linsensalat anlegen und die Forellenfilets dazugeben. Mit Kräutern fein ausdekorieren.

Dorade gedämpft
mit Ingwer

Wie immer in der asiatischen Küche muss alles ein wenig feiner zugeschnitten werden. Diese Arbeit hat sich spätestens dann gelohnt, wenn die asiatischen Aromen aus dem Dampf-Wok steigen.

Zutaten:

2 EL helle Sojasauce

2 TL Sesamöl

1 Stiel Zitronengras, flach geklopft und sehr fein geschnitten

1 Frühlingszwiebel

1 kleines Bund frischer Koriander

2 mittelgroße Doraden, küchenfertig geschuppt und ausgenommen

Meersalz

40 g frischer Ingwer, geschält und gerieben

1 Knoblauchzehe, in feinste Blätter geschnitten

Zubereitung:

1 Aus Sojasauce, Sesamöl und Zitronengras eine Vinaigrette rühren. Setzen Sie das Sesamöl umsichtig ein, es ist sehr intensiv. Vinaigrette beiseitestellen und ziehen lassen.

2 Frühlingszwiebel putzen, bis ins Hellgrüne schräg in feinste Streifen schneiden. Das Koriandergrün waschen, trocknen und die Blätter einzeln zupfen. Stängel aufheben.

3 Doraden ausspülen, innen und außen trocknen. Beide Seiten mit einem scharfen Messer schräg bis zu den Gräten tief einschneiden. Mit Meersalz einreiben und die Hälfte des geriebenen Ingwers sowie die Knoblauchblätter in die Einschnitte geben.

4 Den restlichen Ingwer und die Korianderstängel in die Bauchhöhlen geben.

5 In den Wok Wasser füllen (ca. 6 cm hoch) und zum Kochen bringen. Fische in den Dämpfeinsatz legen und in den Wok stellen. Deckel auflegen und zugedeckt ca. 10 bis 12 Minuten, je nach Dicke der Doraden, dämpfen.

6 Fisch auf Tellern anrichten. Mit Frühlingszwiebel und Korianderblättern bestreuen. Einige Blätter in die Vinaigrette geben und diese in einem extra Schälchen servieren.

Der Folientrick von Hans Haas –
die Mutter aller Sous-vide-Verfahren

Diese einfach geniale Art der Fischgarung zu einem perfekten Ergebnis gehört zum Küchenstandard. Das GOURMET-PRINZIP ist ohne sie fast undenkbar. Und so geht's – hier mit Lachsfilet:

Den Ofen auf 80 Grad vorheizen. Eine relativ dicke Platte oder einen flachen Teller mit zimmerwarmer Butter einstreichen. Die Lachsfiletstücke nicht zu eng darauf platzieren und auch oben mit der weichen Butter einpinseln. Das Ganze jetzt mit einer dickeren Klarsichtfolie (hitzebeständige Gastroqualität) bedecken und straff und dicht um den Tellerrand anziehen. Die Platte in den warmen Ofen schieben und den Fisch für ca. 10 bis 15 Minuten ziehen lassen. Dabei gelegentlich die Fingerprobe machen und aufpassen, dass der Fisch nicht Eiweiß zieht. Dann wäre er zu sehr gegart. Die Folie abnehmen und den lauwarmen glasigen Fisch weiter zubereiten nach Idee und Wunsch. Wenn Sie auf diese Art Fische mit der Haut garen, wird die Haut am Schluss abgezogen. Wenn Sie die Filets vorher für ca. 2 Minuten in eine vorbereitete leichte Salzlake einlegen, wird der Geschmack nochmals gesteigert.

Loup de mer mit Püree
von weißen Bohnen und Pinienkernen

In Köln arbeitet mit großer Kreativität und Leidenschaft ein französischer Chef im »Moissonnier«, Eric Menchon. Bei ihm habe ich das erste Mal ein Püree von weißen Bohnen gegessen, das ich sofort wegen seines unglaublich samtigen Geschmacks in meine Küche aufgenommen habe.

Phase **1**
Eiweiß »pur«

Zutaten:

1 Glas weiße Bohnen, aus dem Glas, hier französische Qualität

3 EL Fischfond (hell) oder Tomatenessenz (siehe Seite 145)

2 Zweige Thymian

Fleur de Sel, weißer Pfeffer (Melange Blanc, siehe Glossar)

2 mittelgroße Loup de mer, frischeste Ware, ausgenommen und geschuppt

Fenchelgrün vom jungen Fenchel

1 Zitrone

2 Zehen junger Knoblauch, in dünne Scheiben geschnitten

kristallines Meersalz oder Meersalzflocken

4 EL Pinienkerne, in der Pfanne ohne Fett angeröstet

Zitronen-Olivenöl zum Beträufeln

Zubereitung:

1 Ofen auf 160 Grad vorheizen.

2 Bohnen in einer Kasserolle bei mittlerer Hitze erwärmen, den Fond hinzufügen und vorsichtig weitergaren. Thymianzweige einlegen und mit ziehen lassen. Anschließend die Bohnen bis zur gewünschten Konsistenz pürieren und feinwürzig mit Fleur de Sel und der Pfeffermischung abschmecken. Warm halten.

3 Die Fische waschen und trockentupfen. In die Bauchhöhle jeweils das Fenchelgrün, 1 Scheibe Zitrone und etwas vom jungen Knoblauch füllen.

4 Den Fisch auf jeder Seite mit 4 bis 5 Einschnitten versehen, mit Meersalz und Pfeffer einreiben und in jedem Spalt 1 dünne Scheibe jungen Knoblauch platzieren.

5 Den Fisch auf einem Blech in den Ofen geben und auf jeder Seite ca. 12 Minuten garen. Zum Schluss kurz übergrillen.

6 Im Ganzen jeweils auf einem Teller anrichten. Eine größere Nocke vom Püree anlegen. Die Pinienkerne darüberstreuen. Etwas Zitronen-Olivenöl tropfenweise angießen.

Filet von der Dorade
auf Ratatouille

Leider ist frischer Fisch bei uns zu einem Luxusgut geworden. Wegen der extrem hohen Preise gehen mehr und mehr Leute dazu über, tiefgefrorene Ware zu kaufen, die nicht unbedingt natürliche Frische ausstrahlen muss. Wenn es also mal nicht anders geht: Achten Sie auch beim Griff in die Tiefkühltruhe auf Qualität.

Zutaten:

Für das Ratatouille:

1	weiße Gemüsezwiebel
je ½	rote und gelbe Paprikaschote
½	Zucchini
8	Kirschtomaten (oder Ofentomaten von Seite 61)
2	dickere Scheiben einer Aubergine
1 EL	Olivenöl
1	Scheibe junger Knoblauch
3	Zweige Thymian
40 ml	Tomatenessenz (siehe Seite 145)
	Fleur de Sel, Pfeffer aus der Mühle
	etwas gemahlener Koriander
10	Basilikumblätter, in feine Streifen geschnitten

Für die Doraden:

2	mittelgroße Doraden, küchenfertig vorbereitet und filetiert
	Mehl zum Bestäuben
3 EL	Olivenöl
	Butter zum Anbraten

Zubereitung:

1 Das Gemüse in kleinere Würfel schneiden und beiseitelegen.

2 In einer Kasserolle oder Pfanne Olivenöl mittelhoch erhitzen und das Gemüse in der Reihenfolge der Zutatenliste nacheinander andünsten. Knoblauchscheibe im Ganzen dazugeben. 2 Thymianzweige hinzufügen. Etwa 10 bis 12 Minuten dünsten, das Gemüse sollte dann noch weich, aber bissfest sein. Die Tomatenessenz angießen und kurz einreduzieren lassen. Mit Salz, Pfeffer und eventuell dem Koriander würzen. Das Basilikum einstreuen.

3 Die Doradenfilets auf der Hautseite 3- bis 4-mal einschneiden. Leicht mit Mehl bestäuben. In einer Pfanne das Olivenöl mit etwas Butter mittelhoch erhitzen. Die Filets auf der Hautseite kross braten, nur kurz auf die Fleischseite wenden und die Pfanne vom Feuer ziehen. Den Fisch so nachziehen lassen.

4 Mit einem Servierring das Ratatouille in leicht tiefen Tellern anrichten. Die Filets jeweils obenauf platzieren. Mit Thymianblättchen ausdekorieren. Wenn vorhanden, mit Ratatouillefond überziehen.

Heilbutt mit Morcheln
und jungen Erbsen auf Curryschaum

Dieses Gericht war Bestandteil eines der Degustationsmenüs meines »Sous-Lehrmeisters« Martin Fauster in seinem Königshof. Ich habe versucht, diesen Geschmack in meiner Rezeptadaptation wiederzugeben.

Zutaten:

100 g	Schalotten, fein gewürfelt
2 EL	Butter
100 ml	Weißwein
100 ml	Noilly Prat
200 ml	Fischfond
200 ml	Milch
	Limettensaft
200 g	Sahne
10	Curryblätter, frisch oder getrocknet (Asialaden)
150 g	junge Erbsen, frisch gepult und blanchiert (alternativ: Tiefkühlware)
	Meersalz, Cayennepfeffer
100 g	Morcheln, gewaschen und sorgfältig geputzt
2	Filetstücke vom Heilbutt, à 80 bis 100 g

Zubereitung:

1   Ofen auf 85 Grad vorheizen.

2   Schalotten in der Hälfte der Butter anschwitzen, mit Weißwein und Noilly Prat ablöschen, reduzieren. Fond und Milch zugeben, bis auf die Hälfte reduzieren. Mit einigen Spritzern Limettensaft abschmecken. Sahne hinzufügen, erneut aufkochen, vom Feuer nehmen. Curryblätter einlegen, für ca. 30 Minuten mit ziehen lassen, danach entfernen. Die Sauce warm stellen.

3   Die Erbsen in einer Kasserolle in der restlichen Butter fertig garen, mit Salz und Pfeffer abschmecken.

4   Die Morcheln entsprechend dem Rezept auf Seite 138 zubereiten. Warm stellen.

5   Die Heilbuttfilets mit der Folienmethode (Seite 123) garen, nach Geschmack mit Butter überziehen.

6   Heilbuttfilets jeweils in der Mitte des Tellers platzieren. Die Morcheln obenauf legen. Sauce erhitzen, mit dem Stabmixer schaumig aufschlagen und über den Fisch und die Morcheln träufeln. Die Erbsen daneben anrichten.

Rotbarbenfilets
auf jungem Fenchel mit Zitronenöl

Rotbarbe ist ein feiner, leicht herber Mittelmeerfisch – aber wegen der Gräten ein Albtraum eines jeden Hobbykochs. Normalverbraucher sollten sich die Filets vom Fischhändler vorbereiten lassen.

Zutaten:

2	junge Fenchelknollen
500 ml	Maiskeimöl
4	Rotbarbenfilets, grätenfrei, frischeste Qualität, kurz in Salzlake gewürzt
	Öl zum Anbraten
2 EL	Butter
	Fleur de Sel, Pfeffer
	geröstete Pankobrotbrösel als Garnitur (Paniermehl aus dem Asialaden)
	etwas Olivenöl

Zubereitung:

1 Fenchel putzen und in nicht zu dicke Scheiben schneiden. Fenchelgrün aufbewahren.

2 In einer Kasserolle das Maiskeimöl kontrolliert auf 84 Grad erhitzen. Die Fenchelscheiben einlegen und ca. 25 bis 30 Minuten weich kochen. Etwas Biss dürfen sie danach noch haben.

3 Kurz bevor der Fenchel fertig ist, die leicht gewürzten Rotbarbenfilets in einer Pfanne mit Öl und Butter mittelhoch erhitzt zunächst auf der Hautseite ca. 3 bis 5 Minuten braten. Dabei die Filets mit einem Spatel flach halten. Vorsichtig wenden und in Butter kurz nachziehen lassen, eventuell mit der Butter-Öl-Mischung überziehen.

4 Den Fenchel abtropfen lassen, jeweils in der Mitte eines Tellers platzieren, mit Fleur de Sel und Pfeffer würzen. Die Rotbarbenfilets obenauf legen. Mit den Pankobrotbröseln bestreuen, mit Fenchelgrün ausdekorieren. Mit einigen Tropfen Zitronenöl beträufeln.

Crabcakes
mit asiatischem Gurkensalat

Dieses leichte und wegen der asiatischen Anmutung sehr schmackhafte Lunch-Gericht ist sehr schnell zubereitet und lässt alle Bedenken hinsichtlich der Figur in den Hintergrund treten.

Zutaten:

300 g	Crevetten, mittelgroß, gekocht, ohne Schale, gute Tiefkühlware eignet sich bestens
2	Frühlingszwiebeln, in dünne Scheiben bis zum Hellgrünen geschnitten
1	rote Chilischote, in feinste Würfel geschnitten
2 EL	Teriyaki-Sauce
2	Bund Koriander, fein gehackt, einige Blätter zurückbehalten
1 – 2	Eier, Größe M
80 g	Pankobrotbrösel (Paniermehl aus dem Asialaden)
	Salz, Zucker, Cayennepfeffer
1	Limone, Saft und Zesten
1	Salatgurke
1	rote Zwiebel
3 EL	Sweet-Hot-Sauce
	einige Tropfen Mirin (süßer Reiswein)
2 EL	Maiskeimöl

Zubereitung:

1 Crevetten, Frühlingszwiebeln, die Hälfte der Chilischote, Teriyaki-Sauce und frischen Koriander in einen Küchenmixer füllen und mit der Pulsfunktion klein hacken.

2 Die Masse in eine Schüssel umfüllen, Ei und Pankobrotbrösel zugeben und alles miteinander vermengen. Mit Salz, etwas Zucker, Cayennepfeffer und 1 Spritzer Limonensaft kräftig würzen. Durchkneten.

3 Gurke schälen, in dünne, schräge Scheiben schneiden, salzen und in einer Schüssel Wasser ziehen lassen. Zwiebel in feine Streifen schneiden.

4 Gurkenscheiben gut ausdrücken. Eine Vinaigrette aus Sweet-Hot-Sauce, Mirin, den restlichen Chilistückchen, Zwiebel, etwas Limonensaft und -zesten rühren. Mit Salz und 1 Prise Zucker abschmecken. Über die Gurkenscheiben geben und marinieren lassen.

5 Mit Eisportionierer (oder Esslöffel) gleich große Mengen der Crevettenfarce abnehmen und die Crabcakes formen. Maiskeimöl in der Pfanne mittelhoch erhitzen und die Crabcakes von jeder Seite goldbraun ausbacken, insgesamt ca. 6 bis 9 Minuten.

6 Fertige Crabcakes auf Tellern mit dem Gurkensalat dekorativ anrichten und mit restlichen Korianderblättchen bestreuen.

Riesengarnelen
mit Dill

Achten Sie beim Kauf auf die Kennzeichnung »seawater«, also auf die Herkunft aus dem Meer. Diese Garnelen sind nicht wie die in Seen oder Flüssen gezüchteten Krabben mit Antibiotika behaftet.

Zutaten:

1	Bio-Zitrone
2 gehäufte EL	Zucker
4	Riesengarnelen (möglichst gerade Exemplare!)
2 EL	Dill, frisch gezupft
1 EL	Knoblauch
2 EL	Olivenöl
	Salz
	Cayennepfeffer

Zubereitung:

1 Ofen auf 230 Grad vorheizen.

2 Enden der Zitrone abschneiden, damit sie flach aufsitzen kann. Zitrone halbieren. Mit der Fruchtseite nach oben auf ein Backblech setzen und mit Zucker bestreuen. 10 Minuten im Ofen backen, bis der Zucker geschmolzen und das Fruchtfleisch weich ist.

3 Währenddessen die Riesengarnelen schälen und vom Rücken her aufschneiden, falls vorhanden Darmfaden entfernen. Wie einen Schmetterling aufklappen.

4 Dill waschen und klein hacken. Auf die Innenseiten der Garnelen streuen und diese dann wieder zusammenklappen.

5 Knoblauch abziehen, fein hacken und mit dem Öl mischen. Damit die Garnelen bestreichen und mit Salz und 1 Prise Cayennepfeffer bestreuen.

6 Garnelen im Ofen auf jeder Seite ca. 2 bis 3 Minuten auf der obersten Schiene grillen.

7 Mit den karamellisierten Zitronen servieren. Nach Belieben etwas Zitronensaft über die fertigen Garnelen geben.

TIPP

Die Garnelen behalten ihre gerade Form, wenn man sie entweder mit einem Holzspieß schient oder daran bindet. Das gilt auch für Hummerschwänze, wenn man später Medaillons daraus schneiden möchte.

Wasabi-Garnelen
auf Mango-Koriander-Salat

Ein Rezept vom Berliner Meisterkoch Tim Raue. Es passt hervorragend in die Philosophie des GOURMET-PRINZIPS, ist sehr schmackhaft und relativ unaufwendig herzustellen.

Zutaten:

2	Eigelbe
2 EL	Wasabi-Paste (Asialaden)
60 ml	Sonnenblumenöl
12	Garnelen ohne Darm
	Fleur de Sel
4 EL	Mango, in Würfel geschnitten
4 EL	frischer Koriander, fein gehackt, Blätter zum Dekorieren
100 g	Maisstärke
	Öl zum Anbraten

Zubereitung:

1 Die Eigelbe mit dem Wasabi vermengen und das Sonnenblumenöl langsam einrühren, bis die Mayonnaise ihre sämige Konsistenz bekommt. Kalt stellen.

2 Garnelen mit Fleur de Sel würzen.

3 Mango mit dem gehackten Koriander mischen.

4 Maisstärke in eine Schüssel geben, Garnelen darin panieren. In der Schüssel mit der restlichen Stärke bedecken und 4 Stunden kalt stellen.

5 Öl in einer Sauteuse oder Fritteuse auf kontrollierte 175 Grad erhitzen. Garnelen darin knusprig ausbraten, herausnehmen und auf Küchenkrepp abfetten.

6 Garnelen in der Mayonnaise schwenken, bis sie vollständig damit überzogen sind.

7 Die Garnelen in einer entsprechend kleinen Schüssel auf dem Mango-Koriander-Salat anrichten und mit Korianderblättern garnieren.

Spargel mit Flusskrebsen
und Krebs-Beurre-blanc

Wenn Sie keine frischen Flusskrebse bekommen, können Sie auch hochwertige Tiefkühlware nehmen.

Zutaten:

14	Stangen Spargel
150 ml	Krebsfond (im Glas)
3 TL	Krebsbutter (gute Handelsqualität)
100 g	Sahne
300 g	Flusskrebse, hier aufgetaute Tiefkühlware
	Butter zum Anwärmen der Krebse
	Zitronensaft
	Fleur de Sel, Cayennepfeffer, Melange-Blanc-Pfeffer
	Thymianblättchen zum Dekorieren

Zubereitung:

1 Spargel mit der Sous-vide-Methode garen (siehe Seite 38).

2 Währenddessen die Krebs-Beurre-blanc zubereiten: Dazu den Krebsfond erhitzen und etwas reduzieren. Die Krebsbutter einrühren und mit Sahne aufgießen. Aufkochen lassen und warm stellen.

3 Die Krebse in einer Pfanne kurz in Butter anwärmen, dann beiseitestellen. Sie sollen nicht hart werden.

4 Spargel auf den flachen Tellern verteilen. Die Krebse in der Beurre blanc warm ziehen lassen. Herausnehmen und dekorativ auf dem Spargel verteilen. Die Sauce nochmals mit Zitronensaft, Salz und Pfeffer abschmecken, erhitzen und aufschäumen.

5 Spargel und Krebse mit der Sauce überziehen und mit Thymianblättchen dekorieren.

Gegrillte Calamares auf Hummus,
Kapernäpfeln und Zitronenmelissenöl

Inspiriert vom Foodstylisten und Rezeptentwickler Stevan Paul habe ich diese Version aus drei verschiedenen Rezepten adaptiert.

Zutaten:

1	Dose Kichererbsen (800 g EW)
4 EL	Olivenöl
	Saft von 1 Orange
1	Knoblauchzehe
1 – 2 EL	Zitronensaft
	Salz, schwarzer Pfeffer aus der Mühle
2	Calamares, küchenfertig
1 EL	Olivenöl zum Anbraten
8	Kapernäpfel
	Olivenöl zum Schwenken
4	Stängel Petersilie, gehackt
	Fleur de Sel
2 EL	Zitronenmelissenöl (aus Olivenöl und Zitronenmelisse püriert), reines Zitronenöl geht auch sehr gut

Zubereitung:

1 Kichererbsen abtropfen lassen und mit dem Olivenöl, dem Orangensaft und dem Knoblauch cremig pürieren. Mit Zitronensaft, Salz und Pfeffer würzen.

2 Calamares in einer sehr heißen Grillpfanne in 1 Esslöffel Olivenöl braten, einmal wenden, wenn das Grillmuster sichtbar ist (nur kurze Grillzeit, damit das Calamarfleisch zart bleibt).

3 Kapernäpfel halbieren und kurz in gutem Olivenöl warm schwenken, etwas Petersilie einstreuen.

4 Auf flachen Tellern einen Spiegel von Hummus anrichten. Die gegrillten Calamares auflegen, leicht mit Fleur de Sel bestreuen und mit Kapernäpfeln umlegen. Das Zitronenmelissenöl rundherum antropfen.

Gefüllte Conchiglioni
im Muschelfond

Ich entdecke ein Gericht, entweder im Original oder wie hier in einem
TV-Bericht über die Cerea-Brüder, und kann es im Geiste sofort schmecken.
Dann weiß ich auch, ob es sich für unser GOURMET-PRINZIP eignet.

Zutaten:

12	Conchiglioni (Muschel-nudeln, mittelgroß) aus Hartweizengrieß
	Sakz
1 kg	Miesmuscheln, beste, frischeste Qualität
1	Gemüsezwiebel, grob gewürfelt
150 g	Julienne-Gemüse (Karotte, Lauch, Sellerie)
	Olivenöl zum Anschwitzen
100 ml	Weißwein
30 ml	Noilly Prat
1 EL	weiße Pfefferkörner
	einige Stängel Petersilie
	Fleur de Sel oder Meersalzflocken
250 g	Krabbenfleisch (aus der Dose) oder Crevetten aus dem Blitzhacker
6 – 8	Ofentomaten (siehe Gour-met-Tipp Seite 61), in kleines Concassée geschnitten
3 EL	fruchtiges Olivenöl
	Babyspinat, Tomatenwürfel und etwas Kerbel zum Dekorieren

Zubereitung:

1 Die Conchiglioni nach Angabe in kochendem Salzwasser fast fertig garen.

2 Die Muscheln sorgfältig putzen, ungenügende Exemplare aussortieren.

3 Die Zwiebel und die Juliennes in einem Topf in Olivenöl anschwit-zen, die Muscheln dazugeben und mit Weißwein und Noilly Prat ablöschen. Pfefferkörner, Petersilienstängel und Fleur de Sel dazugeben. Ca. 10 Minuten bei geschlossenem Deckel garen lassen, bis die Muscheln sich geöffnet haben.

4 Die Muscheln mit dem Schaumsieb herausnehmen, den Sud durch ein feines Sieb abgießen und auffangen. Einige geöffnete Muscheln für die Dekoration aufbewahren.

5 Das Muschelfleisch auslösen und sehr fein hacken. Zusammen mit dem Krabbenfleisch in einer Schüssel vermengen, mit 1 Esslöffel des Ofentomaten-Concassées versetzen.

6 Die Conchiglioni randvoll mit der Füllung versehen.

7 Aus dem Muschelsud, dem restlichen Tomaten-Concassée und dem Olivenöl einen leicht sämigen Fond herstellen.

8 Die Muscheln mit der Füllseite nach oben im Fond erwärmen.

9 Auf leicht tiefen Tellern je 4 bis 6 gefüllte Muschelnudeln anrichten. Mit Babyspinat und den geöffneten Muscheln dekorieren, mit Tomatenwürfeln und etwas Kerbel umlegen.

Salade niçoise
auf die ganz spezielle Art

Es war eine Offenbarung zu erleben, wie DER Sternekoch der Gastrowelt, Alain Ducasse, sich dieses Gerichts in seinem Restaurant LouisXV in Monte Carlo angenommen hat: eine Aromabombe aus frischen Zutaten in unterschiedlichen Texturen. Sieht kompliziert aus, ist aber leichter nachzumachen, als man denkt. Und das Ergebnis ist den Zeitaufwand allemal wert!

Zutaten:

Zum Vorbereiten:

1	kleine Gärtnergurke, geschält und in 1 cm dicke Scheiben geschnitten
	Salz
1	rote Paprikaschote, geröstet, geschält und in 0,5 cm dicke Streifen geschnitten
1	Zweig Thymian
1	Knoblauchzehe, leicht angedrückt
2 EL	bestes Olivenöl
4	violette Babyartischocken, geputzt und getrimmt, in hauchdünne Scheiben geschnitten, in Zitronenwasser aufbewahrt
	Öl zum Anbraten
	Fleur de Sel
1	Herz von jungem Stangensellerie, geputzt und in hauchdünne Scheiben geschnitten

Für die Sherryvinaigrette:

1 EL	Sherryessig
3 EL	Olivenöl, beste Qualität
	Maldon-Salz, schwarzer Pfeffer aus der Mühle

Zum Anrichten:

150 g	Mesclun-Salat vom Markt, gewaschen, getrocknet
4	mittelgroße reife Tomaten, geschält, entkernt und geviertelt
8	kleine Frühlingszwiebeln, geputzt, nur das Weiße in hauchfeine Ringe geschnitten
8	Anchovisfilets in Öl, beste Qualität
1	Dose weißer Thunfisch in Öl, allerbeste Qualität
10	Basilikumblätter
8	Radieschen, in Scheiben
8	schwarze Nizzaoliven, jeweils ein dickes Stück bis zum Kern abgeschnitten
4	Wachteleier, hart gekocht (5 bis 6 Minuten), geschält, längs halbiert
	Zitronensaft
4	Scheiben Baguette, getoastet
1	Knoblauchzehe
100 g	Tapenade (Olivenpaste)

(Rezept von Alain Ducasse)

136

Zubereitung:

1 Die Gurken mit Salz bestreuen. 10 Minuten ziehen lassen, Wasser abgießen, das Salz von den Gurkenscheiben mit Küchenkrepp abreiben. In einer kleinen Schüssel die Paprikastreifen mit Thymian, Knoblauch und Olivenöl marinieren. Beides beiseitestellen.

2 Aus Sherryessig, Olivenöl, Salz und Pfeffer eine Sherryvinaigrette bereiten.

3 Die Babyartischocken abgießen und auf Küchenkrepp gründlich trockentupfen. In einer Pfanne Öl auf mittelhohe Hitze bringen und die Hälfte der Artischockenscheiben ca. 2 bis 3 Minuten goldbraun braten. Auf Küchenkrepp abfetten und mit Fleur de Sel salzen. Die andere Hälfte mit einem Teil der Sherryvinaigrette marinieren. Gurken und Sellerie ebenfalls mit der Vinaigrette separat marinieren.

Anrichten:

1 Auf großen Tellern in folgender Reihenfolge anrichten: Zunächst den Mesclun-Salat ausbreiten.

2 Marinierte Paprikastreifen, Tomaten, vorbereitete Gurken, restliche rohe Artischockenscheiben, Selleriescheiben, Frühlingszwiebeln, Anchovisfilets, Thunfischflocken sowie Basilikum rundherum fein auslegen. Mit der restlichen Sherryvinaigrette beträufeln.

3 Zum Schluss die Radieschenscheiben, die Olivenstücke, die Wachteleier und die frittierten Artischockenscheiben auf dem Salat garnieren. Mit etwas Zitronensaft beträufeln.

4 Die Baguettescheiben mit Knoblauch einreiben und mit Tapenade bestreichen. An den Tellerrand anlegen. Aus dem Rest der Tapenade mit Olivenöl eine Vinaigrette herstellen und extra servieren.

Spargel mit Morcheln
und konfiertem Ei

Ich mache den Spargel seit Jahren wie auf Seite 38f. beschrieben und gare ihn im Hold-o-mat. Dieser Geschmack lässt sich nicht steigern. Ein kleiner Trick aus meiner »Lehrzeit« ist das konfierte Ei.

Zutaten:

1 kg	Spargel, mittelgroße und dickere Stangen, sauber geschält
	Salz und Zucker für den Spargel
60 g	Butter
1	Schalotte, sehr fein gewürfelt
150 g	frische Morcheln, gründlich geputzt; alternativ: getrocknete, eingeweichte Morcheln
50 ml	Sherry Fino
75 g	Sahne
	Salz, weißer Pfeffer
200 g	Butterschmalz
2	Eier, Größe XL
	Fleur de Sel

Zubereitung:

1 Ofen als Dampfgarer mit 80 Grad vorbereiten oder Spargel wie gewohnt garen.

2 Spargel mit Salz und Zucker würzen, in Vakuumbeutel legen, 30 Gramm Butter in kleinen Scheiben auflegen, vakuumieren. In den Dampfgarer oder Hold-o-mat legen und bei 80 Grad bis zur gewünschten Konsistenz garen.

3 Schalotte in der restlichen Butter anschwitzen, die Morcheln hinzufügen und mitdünsten. Mit dem Sherry ablöschen. Etwas reduzieren. Danach die Sahne hinzugeben und aufkochen lassen. Mit Salz und weißem Pfeffer würzen. Die Morcheln aus der Sahne heben und kurz beiseitestellen.

4 Butterschmalz schmelzen und auf ca. 65 Grad erwärmen. In kleine Förmchen füllen. Die Eigelbe in der Hand separieren und vorsichtig in den warmen Butterschmalz gleiten lassen. Sie sollten rundum davon bedeckt sein. Für 12 bis 15 Minuten konfieren.

5 Den Spargel aus dem Beutel auf Tellern mit dem eigenen Saft anlegen. Die Morchelsahne aufschäumen. Die Morcheln kurz erwärmen.

6 Auf dem Spargel die Morcheln sauber dekorieren, dabei eine kleine Lücke für das Ei lassen. Das abgetropfte Eigelb vorsichtig hineinplatzieren. Mit dem Morchelschaum bedecken. Leicht mit Fleur de Sel abrunden.

Minestrone moderno
mit Parmesanchip

Hier ist jedes Gemüsearoma fast einzeln herauszuschmecken. Schon bei der Zubereitung ahnt man den intensiven Geschmack. Basis sind vor allem sehr gutes, frisches Gemüse und eine geschmackvolle Gemüsebrühe. Der leidenschaftliche Gourmet wird diese aufwendige Zubereitung lieben!

Zutaten:

750 ml	Gemüsebrühe
10	geputzte Blumenkohlröschen, halbiert
2	kleinere violette italienische Artischocken, geputzt und in kleine Stücke geschnitten
1	mittelgroße Gemüsezwiebel, fein gewürfelt
1	mittelgroße festkochende Kartoffel, in 3 × 3 mm Würfel geschnitten
1	Stange Staudensellerie mit Grün, in längliche Stücke geschnitten
1	kleine Lauchstange, nur das Weiße in längliche Streifen geschnitten
3	weiße Champignons (oder auch Steinpilze, geputzt und in mittelgroße Stücke geschnitten
	Olivenöl zum Anschwitzen
3	junge Karotten, am besten vom Bund, schräg in ca. 3 mm dicke Scheiben geschnitten
	Fleur de Sel
20 g	Parmesan, frisch gerieben
2	kleinere Tomaten, überbrüht, geschält und zu Concassée gewürfelt.
2	Stängel Blattpetersilie

Zubereitung:

1 Gemüsebrühe zum Kochen bringen und leise köcheln lassen.

2 Den Blumenkohl ca. 4 Minuten in der Brühe blanchieren, mit einem Schaumlöffel entnehmen, in Eiswasser abschrecken und in einer großen Form beiseitestellen.

3 Das Gemüse (außer Karotten und Tomaten-Concassée) einzeln auf die immer gleiche Art und Weise vorbereiten: In einer beschichteten Pfanne etwas Olivenöl erhitzen und das jeweilige Gemüse anschwitzen, ohne dass es Farbe bekommt. Mit etwas Gemüsebrühe ablöschen und zum Blumenkohl in die Form geben. Anschließend den Satz in der Pfanne wiederum mit etwas Brühe ablöschen und den Sud zurück zur Brühe geben. Danach die Pfanne mit einem Küchentuch auswischen. Auf diese Weise bekommt die Brühe einen »Extrakt« aller Gemüsearomen und erreicht so eine ungeheure Dichte.

4 Währenddessen die Karotten in der Brühe bissfest garen, mit dem Schaumlöffel herausnehmen, zum anderen Gemüse geben und alles salzen.

5 Aus dem Parmesan auf Backpapier kleine Plätzchen formen und im Ofen bei 180 Grad oder unter dem Grill hell (!) backen.

6 In tiefen Tellern das Gemüse filigran eindekorieren. Tomaten-Concassée mit Fleur de Sel salzen und auf dem Gemüse anrichten. Mit der Brühe vorsichtig umgießen. Mit Blättern der Petersilie bestreuen. Den Parmesanchip extra anlegen.

Vegetarisch

Pizzette –
die kleinste Schwester der Pizza

Wenn man eine Packung Blätterteig zu Hause hat, kann man damit und aus vorhandenen Vorräten schnell Variationen der »Bite Size Pizza« – oder im Original Pizzette – schaffen, die den Gourmetansprüchen sehr nahe kommt. Dem Lieblingsbelag sind dabei keine Grenzen gesetzt: ob vegetarisch, Fisch oder Fleisch – von Spinat über Thunfisch bis Zwiebeln und Ei oder sogar Bolognese.

Zutaten:

1	Packung Frisch-Blätterteig oder aufgetaute Tiefkühlware
1	Dose oder Packung beste Tomatenpassata
100 g	geriebener Parmesan
	Belag nach Vorrat, nach Geschmack oder entsprechend den drei folgenden Varianten

Zubereitung:

1 Ofen auf 180 Grad vorheizen.

2 Blätterteig ausrollen, mit Ausstechring Kreise mit einem Durchmesser von ca. 13 Zentimeter ausstechen.

3 Kreise mit etwas Abstand zueinander auf einem Blech mit Backpapier verteilen. Beim folgenden Belegen jeweils mindestens 0,5 Zentimeter Rand frei lassen, damit dieser hoch aufgehen kann.

4 Boden zunächst mit Passata einlassen, darauf etwas Parmesan geben.

5 Jeweilige Beläge aufbringen.

6 Das Blech auf der untersten Schiene in den Ofen geben. Die Pizzette etwa 20 Minuten backen, bis der Rand goldbraun ist und hoch steht.

7 Zusatzbeläge nach dem Backen auftragen. Mit Kräutern ausdekorieren.

Pizzette originale

1 Pizzette vor dem Backen mit Ochsenherztomaten-Scheiben belegen, mitbacken.

2 Nach dem Backen die Tomaten mit Fleur de Sel bestreuen, in die Mitte eine Nocke Crème fraîche füllen.

3 Mit bestem Olivenöl beträufeln.

4 Mit kleinen Basilikumblättern fein dekorieren.

Pizzette mit Tapenade, Speck, Oliven, Crème fraîche und Salzzitronen

1 Pizzette nach dem Backen mit Tapenade (Olivenpaste) auslegen.

2 Je 1 Nocke Ziegenfrischkäse auflegen.

3 Grüne Oliven anlegen und krosse Speckscheiben (optional) anstecken.

4 Die Würfel einer Salzzitrone dekorativ zugeben.

Pizzette mit konfiertem Ei auf Zucchini-Frischkäse-Bett

1 Zucchinischeiben auf das vorbereitete Bett geben. Kräuterfrischkäse obenauf setzen. Backen.

2 Währenddessen das Eigelb wie auf Seite 138 beschrieben zubereiten.

3 Nach dem Backen die Pizzette etwas auskühlen lassen.

4 Das konfierte Ei vorsichtig in die Mitte setzen, mit Kerbelblättchen ausdekorieren.

Quiche Lorraine

Diese Quiche ist ein fester Bestandteil unseres Lunchprogramms. Mit ein wenig Übung ist sie schnell zubereitet, schmeckt mit und ohne Beilage und die Reste können lauwarm zu Salaten oder Ähnlichem gereicht werden.

Zutaten:

Für den schnellen Mürbteig:

150 g	Mehl, Type 405, gesiebt
100 g	kalte Butter, in kleine Würfel geteilt
1	Eigelb (XL-Ei)
	Salz, Muskatnuss zum Würzen

Für die Füllung:

50 g	Schinkenspeck, gewürfelt (optional)
2	dünne Stangen Lauch, in Scheiben geschnitten
4 EL	Butter
250 g	Sahne
3	Eier
150 g	Tegernseer Bergkäse, gerieben (alternativ: Gruyère)

Zubereitung:

1 Ofen auf 180 Grad Ober-/Unterhitze vorheizen.

2 In der Küchenmaschine das Mehl mit den Butterwürfeln und dem Eigelb sowie Salz und Muskatnuss zu einem Teig kneten, mit der Hand nachkneten und in einer 24er-Spring- oder Quicheform ausrollen. Mit einer Gabel einstechen und für ca. 15 bis 20 Minuten in den Kühlschrank stellen.

3 In einer Pfanne den Schinkenspeck und den Lauch mit Butter bei mittlerer Hitze anschwitzen. Vom Herd ziehen.

4 In einer Schüssel die Sahne mit den Eiern verquirlen, den geriebenen Käse unterheben und gut vermengen.

5 Auf den Boden der Quicheform die Lauch-Schinken-Mischung verteilen. Die Ei-Sahne-Masse gleichmäßig bis zum Teigrand darübergießen.

6 Die Form auf die unterste Schiene des Ofens stellen und die Quiche 1 Stunde backen. Die letzten 10 Minuten den Ofen auf Umluft stellen, um eine gleichmäßige, goldbraune Oberfläche zu erhalten. Danach abkühlen lassen und die Quiche warm bis lauwarm servieren.

Kartoffeln mit Kräuterquark –
Kindheit neu interpretiert

Als Kind habe ich dieses Essen geliebt, und in den ersten Nachkriegsjahren aßen wir es oft. Es ging schnell, war nahrhaft und eiweißreich und die Kräuter gab es im Garten. Nur war der Quark nicht richtig cremig, eher wie Beton. Wobei ich diese Konsistenz gelegentlich auch heute noch vorgesetzt bekomme – an Orten, wo dieses Gericht Kult ist. Als Kind habe ich den Quark auch süß angemacht zu den Kartoffeln gegessen. So oder so ist das GOURMET-PRINZIP auch bei diesem Rezept Gesetz: allerbeste Zutaten, frischeste Kräuter und eine Idee mehr.

Zutaten:

8	Grenaille-Kartoffeln
	Salz
200 g	Quark, Vollfettstufe 40 %
2 EL	Ziegenfrischkäse
1 EL	Crème fraîche
75 g	Sauerrahm
	eventuell etwas Sahne zum Glattrühren
	Salz, Pfeffer, Cayennepfeffer
	Zitronensaft
1	Bund Kräuter für Frankfurter grüne Sauce oder nach persönlichem Geschmack
	Butter zum Anrichten
	Fleur de Sel

Zubereitung:

1 Die Kartoffeln in Salzwasser mit der Schale gar kochen. Abgießen und auskühlen lassen.

2 Quark, Ziegenfrischkäse, Crème fraîche und Sauerrahm miteinander in einer Schüssel glatt rühren. Eventuell ein wenig Sahne zufügen, um die Mischung noch cremiger zu machen.

3 Mit Salz, Pfeffer, Cayennepfeffer und einigen Spritzern Zitronensaft pikant würzen.

4 Die Kräuter fein schneiden und unter die Quarkmischung heben.

5 Mit etwas Butter und nach Belieben einem Kräutersträußchen auf einem Teller anrichten. Die Kartoffeln mit Fleur de Sel bestreuen.

Tomatentarte –
das Gourmet-Prinzip der Provence

Viele Sommer haben wir in der Provence und später auch in Andalusien verbracht. Manchmal holen wir uns die Erinnerung daran nach Hause ... mit dieser schnellen und schmackhaften Tarte.

Zutaten:

1	Packung Blätterteig für das Blech (rechteckig)
4 EL	Dijonsenf
200 g	Parmesankäse, gerieben
2 kg	mittelgroße, möglichst reife Tomaten
	Maldon-Salz, Pfeffer, Kräuter der Provence
6 EL	bestes Olivenöl
	frische Kräuter zum Garnieren
3 EL	Crème fraîche

Zubereitung:

1 Backofen auf 180 Grad Ober-/Unterhitze vorheizen.

2 Den Blätterteig auf einem Backblech ausrollen.

3 Den Boden mit Dijonsenf ausreichend bestreichen. Mit einem kleinen Teil vom geriebenen Parmesan bestreuen.

4 Die Tomaten in Scheiben schneiden und in Längsrichtung überlappend auf den Senf schichten. Dabei rundherum einen guten Rand lassen, damit der Teig hier voll aufgehen und eine schöne Kruste bilden kann.

5 Mit Maldon-Salz, Pfeffer und Kräutern der Provence kräftig würzen, die Oberfläche mit dem restlichen Parmesan bestreuen und schließlich mit dem Olivenöl in feinen Fäden begießen.

6 Im Ofen zunächst auf der untersten Schien ca. 35 Minuten backen, dann auf die mittlere Schiene wechseln und mit Umluft weitere 15 Minuten fertig backen.

7 Herausnehmen und etwas abkühlen lassen. Mit frischen Kräutern wie Thymianblättchen oder Kerbel fein ausdekorieren. Einige Tupfer Crème fraîche auftragen.

Tomatenessenz
Grundrezept

Diese Essenz ist eine unverzichtbare Zutat für das GOURMET-PRINZIP. Mit ihrem hocharomatischen Geschmack, der ohne jegliches Fett erreicht wird und nur natürliche Aromen nach vorne bringt, ist sie ein wichtiger Baustein für viele Rezepte. Die Menge des Fondrezeptes wird Sie zwar erstaunen, aber bereiten Sie bitte immer die volle Menge zu. Ich mache es immer so und friere den Rest in Eiswürfelbeuteln ein. So kann man immer so viel entnehmen, wie man braucht – manchmal auch nur einen Essenzwürfel als Aroma-Highlight.

Zutaten:

1,25 kg	Tomaten aus der Dose
500 g	sehr reife Tomaten, grob geschnitten, ohne Stilansatz
2 – 3	Handvoll gestoßenes Eis
1	Zwiebel, grob geschnitten
1½ EL	Meersalz
1 EL	Zucker
½ TL	gemahlener schwarzer Pfeffer
2	Zweige Thymian
1	kleiner Zweig Rosmarin
je 6 – 7	Stängel Petersilie und Basilikum
1	Lorbeerblatt
1	Knoblauchzehe, angedrückt

Zubereitung:

1 Die Dosentomaten mit den frischen Tomaten in einen großen Topf geben.

2 3,5 Liter Wasser und das gestoßene Eis zufügen.

3 Mit den restlichen Zutaten vermengen, einmal kräftig aufkochen lassen.

4 Danach etwa 2 bis 3 Stunden im offenen Topf leise köcheln lassen, bis sich die Essenz geklärt hat. Nach dem ersten Aufkochen nicht mehr umrühren.

5 Die fertige Essenz durch ein mit einem Passiertuch ausgekleidetes Sieb abgießen.

6 Frisch verwerten. Den aktuell nicht gebrauchten Rest portionsweise in Eiswürfelbeuteln einfrieren.

(Rezept von Hans Haas)

TIPP

Wenn die frischen Tomaten noch nicht aromatisch schmecken oder nicht völlig reif sind, ersetzen sie diese Menge einfach durch weitere Tomaten aus der Dose.

Vegetarisch

Rhabarber-Schmand-Tarte

Das Grundrezept für den schnellsten Mürbteig der Welt stammt von der Chefpatissière des Tantris. Hier wird Rhabarber als frühes »Obst« eingesetzt, aber später im Jahr gehen auch Marillen, Kirschen und andere Kuchenobstsorten. Oder einfach die Schmandmischung pur.

Zutaten:

Für den Mürbteig:

150 g	Mehl, Type 405, gesiebt
100 g	sehr kalte Butter, in kleinen Stücken
75 g	Zucker
1	Eigelb
1 EL	Vanillezucker (bitte kein Vanillinzucker, siehe Glossar)
	Zitronenabrieb nach Geschmack
1	Eigelb zum Bestreichen

Für die Füllung:

400 g	Zucker
300 g	Rhabarber, geschält
150 g	gefrorene Himbeeren
4	Scheiben frischer Ingwer, ungeschält, gebürstet
1	Vanilleschote
1	Zimtstange

Für den Schmand:

2	Eier, Größe L
200 g	Sahne
60 ml	Milch
100 g	Schmand
2 EL	Crème fraîche
80 g	Zucker
30 g	Mehl
Mark von 1	Vanilleschote
1 EL	Vanillepuddingpulver

Zubereitung:

Teig:

1 Ofen auf 200 Grad Ober-/Unterhitze vorheizen.

2 Die Teigzutaten außer dem Eigelb zum Bestreichen in der Küchenmaschine gut vermengen, mit der Hand nachkneten und in Klarsichtfolie für 30 Minuten in den Kühlschrank legen. Ausrollen, eine Springform (22 cm Durchmesser) damit auslegen, mit einer Gabel anstechen und einen hohen Rand formen. Auf der untersten Stufe im Ofen blindbacken. Teig anschließend mit Eigelb bepinseln und beiseitestellen. Ofen auf 140 Grad zurückfahren.

Füllung:

1 Zucker und 150 Milliliter Wasser auf 120 Grad kochen.

2 Rhabarber in längliche Stücke schneiden, in eine Blechform mit hohem Rand schichten.

3 Himbeeren, Ingwer, Vanilleschote und die Zimtstange darüber verteilen. Das heiße Zuckergemisch darübergießen und die Form mit Alufolie verschließen. Bei 140 Grad im Ofen ca. 15 Minuten pochieren. Herausnehmen und abkühlen lassen. Ingwerscheiben, Vanilleschoten und Zimtstange entnehmen. Ofen auf 160 Grad hochfahren.

Schmand:

Alle Zutaten für den Schmand miteinander vermengen und 30 Minuten ruhen lassen. Diesen Arbeitsgang macht man am besten während der Backzeit des Bodens.

Tarte:

1 Den Rhabarber auf den Teig in der Springform schichten. Die Schmandmischung darübergießen.

2 Die Tarte im Ofen für ca. 30 bis 40 Minuten unter Sichtkontrolle backen. In der Form abkühlen lassen und die Springform entfernen.

Kaiserschmarren

Er kommt nicht alle Tage auf den Speiseplan. In Maßen und mit dem richtigen Timing genossen ist dies ein wunderbarer Belohnungsnachtisch für den bodenständigen Gourmet. Klassisch dazu sind Zwetschgenkompott, Apfelmus oder Preiselbeeren. Je nach Vorliebe kann man auch geröstete Mandelblätter über den Schmarren streuen.

Zutaten:

100 g	Rosinen
3 EL	Rum
150 g	Mehl
200 ml	Milch
3	Eier
20 g	Puderzucker
	abgeriebene Schale von 1 Bio-Zitrone
1 Schuss	kohlensäurehaltiges Mineralwasser
	Salz
30 g	braune Butter
	Puderzucker zum Bestäuben

Zubereitung:

1 Backofen auf 200 Grad vorheizen (Ober-/Unterhitze, Umluft ist in diesem Falle nicht vorteilhaft).

2 Rosinen in Rum einweichen und beiseitestellen.

3 Mehl und Milch verrühren. Eier trennen, Eigelbe mit Puderzucker schaumig rühren. Zitronenabrieb unterheben und die Eigelbmasse zum Teig geben. Einen Schuss Mineralwasser und 1 Prise Salz hinzufügen, alles gründlich mit dem Schneebesen vermengen. 30 Minuten quellen lassen.

4 In der Zwischenzeit braune Butter zerlassen. Eiweiß mit 1 Prise Salz steif schlagen. Eiweiß vorsichtig mit dem Spatel unter den Teig heben und ca. ⅔ der braunen Butter einarbeiten.

5 Eine Pfanne auf mittelhohe Temperatur erhitzen und die restliche Butter zugeben. Den Teig vollständig eingießen und die eingeweichten Rosinen einstreuen. Zunächst die Unterseite hell ausbacken. Die Pfanne in den vorgeheizten Backofen geben. Den Schmarren etwa 10 bis 15 Minuten kontrolliert ausbacken.

6 Pfanne aus dem Ofen nehmen und den Schmarren mit einem Holzspatel oder mit Gabeln in mundgerechte Stücke reißen. 1 kleines Stück Butter in der Pfanne zerlassen, den Schmarren mit Puderzucker bestäuben und karamellisieren lassen. Sofort auf Teller verteilen und servieren.

Warmer Schokoladenkuchen

Seit einem New-York-Urlaub bin ich ein Fan von Jean-Georges Vongerichten. Der Koch stammt ursprünglich aus dem Elsass. Inzwischen besitzt er fünf Restaurants in Manhattan: das JoJo, Vong, Jean Georges, Mercer Kitchen und ein weiteres zusammen mit drei amerikanischen Spitzenköchen. Zu seinem traumhaften Schokoladenkuchen passt eine Kugel Vanilleeis.

Zutaten für 4 Personen:

Butter zum Einfetten der Förmchen

Mehl zum Bestäuben der Förmchen

100 g Butter

120 g bittersüße Schokolade

2 Eier

2 Eigelbe

60 g Zucker

2 TL Mehl

Puderzucker zum Bestäuben

Zubereitung:

1 Ofen auf 250 Grad vorheizen.

2 4 Förmchen buttern und mit Mehl bestäuben, dann erneut buttern und mit Mehl bestäuben!

3 Über dem Wasserbad Butter und Schokolade schmelzen. Währenddessen Eier, Eigelbe und Zucker cremig schlagen.

4 Die geschmolzene Schokolade und Butter über dem Wasserbad zu einer sämigen Creme verrühren. Vom Herd nehmen, kurz abkühlen lassen; die Masse sollte aber noch gut warm sein.

5 Die Eimasse portionsweise vorsichtig dazugeben und untermischen. Nach und nach das Mehl unterrühren.

6 Die Masse in die Förmchen einfüllen. Bis zum nächsten Schritt können Sie diesen Nachtisch lange, bevor Ihre Gäste kommen, vorbereiten und im Kühlschrank aufbewahren. Wichtig ist dann, dass die Schokoladenmasse vor dem Backen auf Zimmertemperatur erwärmt ist (30 Minuten vorher aus dem Kühlschrank nehmen).

7 Förmchen möglichst gleichzeitig 7 Minuten im Ofen bei 250 Grad (!) backen. Die Zeit ist absolut sekundengenau einzuhalten, sonst fällt der »Lavaeffekt« weg.

8 Die Förmchen auf Teller stürzen und 10 Sekunden ruhen lassen. Dann die Förmchen abnehmen und Schokoladenkuchen mit Puderzucker bestäuben. Sofort servieren!

TIPP

Es gibt Muffin-Backformen mit 8 oder 10 Vertiefungen. Man kann diesen Kuchen darin sehr gut als Fondant in Muffin-Papierformen backen. Damit lassen sich alle Kuchen gleichzeitig punktgenau aus dem Ofen nehmen und auch sehr gut aus der Form lösen.

Mit Szechuanpfeffer marinierte
Erdbeeren mit Basilikumsorbet

Per Zufall entdeckte ich dieses Rezept, weil mir ein paar zerstoßene Körner Szechuanpfeffer in bereits marinierte Erdbeeren fielen. Auch das Basilikumsorbet war schon für ein anderes Gericht fertiggestellt, und so entstand diese exotisch-raffinierte Kombination.

Zutaten:

Für das Basilikumsorbet:

400 g	Zucker
75 ml	Zitronensaft
30 – 40 g	Glukose (Apotheke)
2	Töpfe kräftig gewachsenes, aromatisches Basilikum

Für die Erdbeeren:

500 g	Erdbeeren, die besten, die man kriegen kann, möglichst reif
4 EL	feinster Zucker
1 EL	Vanillezucker
1 – 2 EL	Cointreau (nach Geschmack) einige Spritzer Zitronensaft
2 EL	Szechuanpfeffer, im Mörser zerstoßen

Zubereitung:

Basilikumsorbet:

1 Läuterzucker zubereiten: Zucker mit 400 Milliliter Wasser aufkochen und erkalten lassen.

2 Läuterzucker mit Zitronensaft und Glukose in einen Küchenmixer geben. Die Basilikumblätter hinzufügen und alles gut durchmixen. Flüssigkeit durch ein Sieb abgießen oder ungefiltert lassen. Die Flüssigkeit 1 Stunde im Kühlschrank durchkühlen.

3 In der Eismaschine zu Sorbet gefrieren lassen. Das Sorbet sofort im Gefrierschrank fest nachgefrieren.

Erdbeeren:

1 Erdbeeren putzen, vierteln und in eine Schale geben.

2 Erdbeeren mit Zucker und Vanillezucker bestreuen, gründlich durchmischen.

3 Cointreau und Zitronensaft hinzufügen. Zunächst durchziehen lassen.

4 Nachdem die Erdbeeren mariniert sind, den Szechuanpfeffer hinzumischen und ebenfalls mit ziehen lassen.

5 Erdbeeren nur leicht gekühlt in entsprechende Schalen füllen. 1 Nocke des Basilikumsorbets aufsetzen.

Crostata Limone

Während eines Kurzurlaubs in Venedig landeten wir abends in einer kleinen Trattoria. Als Dessert servierte die Wirtin eine Spezialität des Hauses: Sie kam aus der Küche mit einem Backblech, auf dem sich dieser wunderbare Zitronenkuchen befand. Mit seinem erfrischenden Geschmack eignet er sich perfekt für heiße Sommertage.

Zutaten:

Für den Mürbteig:

250 g	Mehl
150 g	kalte Butter
100 g	Zucker
2	Eigelbe
	abgeriebene Schale von 1 Bio-Zitrone
1 Päckchen	Vanillezucker

Für die Limonencreme:

150 g	Zucker
	abgeriebene Schale und Saft von 3 Bio-Zitronen
3	Eier
100 g	Butter und Mehl für das Blech

Zubereitung:

1 Ofen auf 200 Grad vorheizen.

2 Für den Mürbteig Mehl mit zerkleinerter Butter, Zucker, Eigelben, abgeriebener Zitronenschale und Vanilezucker verkneten. Mit Klarsichtfolie zudecken und 1 Stunde im Kühlschrank ruhen lassen.

3 Für die Creme erst die Hälfte des Zuckers mit der abgeriebenen Schale der Zitronen vermischen, dann die ganzen Eier hinzufügen und mit dem Mixer aufschlagen.

4 Den restlichen Zucker auf kleiner Flamme mit dem Zitronensaft und der Butter zum Schmelzen bringen.

5 In die Ei-Zucker-Mischung über einem Wasserbad die Zitronen-Butter-Mischung vorsichtig und unter ständigem Rühren geben und zu einer Creme rühren. Dabei muss man sehr auf den Umschlagpunkt achten, sonst gerinnt das Ei. Die Creme dann sofort vom Wasserbad nehmen.

6 Die Creme in der Rührschüssel in Eiswasser kalt schlagen und in den Kühlschrank stellen.

7 Den Teig auf einem gebutterten und mit Mehl bestäubten Blech ausrollen und mit einer Gabel anstechen. Im vorgeheizten Ofen goldbraun ca. 15 bis 20 Minuten backen.

8 Den Teig abkühlen lassen und dann mit der Zitronencreme bestreichen. Für 2 weitere Stunden im Kühlschrank durchkühlen lassen.

Glossar

B

Beurre blanc
Helle Sauce zu Fischgerichten. Aus Schalotten, Weißwein, Zitronensaft, Crème fraîche und reichlich Butter montiert.

Blanchieren
Kurzes Ankochen von Gemüse in sprudelnd kochendem Salzwasser, um die Farbe und Frische zu erhalten. Anschließend das Gargut in Eiswasser abschrecken, um den Kochvorgang abzubrechen.

C

Chorizo
Spanische Paprikawurst aus dem Fleisch der schwarzen Iberico-Schweine. Gibt es in der Version »picante« und »dulce« und bietet einen würzigen Geschmack als Zutat zu Schmorgerichten oder auch fein aufgeschnitten als Tapas.

Chiffonade
Feinstreifig geschnittene Blattkräuter wie Sauerampfer, Basilikum o. Ä. Werden roh oder kurz in Butter angeschwenkt Saucen und Suppen beigefügt.

Concassée
Ursprünglich im Französischen: das Zerstoßene. Am Beispiel der Tomate: Häuten und Entkernen der Tomate, anschließend Schneiden in kleinste Würfel. Weiterverwendung entweder roh oder mit Butter, Salz und Pfeffer weich gedünstet.

Cilantro
Englisch-amerikanisch für Koriander, ursprünglich mexikanisch. Auch als »Chinesische Petersilie« bekannt.

Curry
Ursprünglich aus Indien stammende Gewürzmischung aus zwölf oder mehr gemahlenen Gewürzen. Es gibt mannigfaltige Currymischungen bereits fertig produziert. Den einzelnen Gerichten entsprechend sollte man auf die Mischung achten. Eine sehr gute, weil in der Manufaktur hergestellte, Auswahl bietet Ingo Holland in seinem »Altes Gewürzamt«-Angebot, das man auch online nutzen kann.

D

Demi-Glace
Stark konzentrierte Fleisch-, Fisch- oder Geflügelsaucen, Grundsaucen in der Gourmetküche. Die gebräuchlichste ist die Kalbs-Demi-Glace.

Demi-Sel
Frische Butter mit mittelgradiger Salzbeimischung. Kann sehr gut beim Anschwitzen von Gemüse oder Nachbraten von Fleisch verwendet werden, um einen nur leichten Salzgeschmack zu erreichen.

Duxelles
Aus Champignons, Zwiebeln, Tomatenmark und Butter hergestellte Farce zum Füllen oder Überkrusten von Fleisch und Geflügelgerichten.

G

Glacieren

Überglänzen von Speisen (Fleisch, Gemüse) mit dem eigenen Saft unter kontrollierter Hitze.

K

Kapernäpfel

Hocharomatische Frucht des Kapernstrauches, größer als die Kapern, die Blütenknospen.

Konvektion

Wissenschaftliche Erklärung zur Heißluftführung in den neuen Backöfen. Diese funktionieren mit und ohne Dampfzuführung. Damit lassen sich unterschiedliche Garmethoden perfekt durchführen. Landläufig wird auch der Begriff »Konvektomat« verwendet.

Konfieren

Ursprünglich eine althergebrachte Konservierungsmethode aus Südwestfrankreich, die mehr und mehr in die Hochküche übernommen wurde. Dabei werden die Produkte in genau temperiertem Fett, Öl oder in Butter bei Niedrigtemperatur gegart. Ich habe es z. B. mit einer Kalbshaxe gemacht, die 4 bis 5 Stunden bei 84 Grad butterweich gegart wurde.

L

Langer Pfeffer

Uralte molukkische echte Pfefferform von einer Ähre. Sieht wie echter Kümmel aus und zeichnet sich durch milde Pfeffernoten aus.

M

Mandoline

Sehr nützliches Küchengerät zum Vorbereiten und Schneiden von Gemüse in alle Formen und Schnittstärken, von dünnen Scheiben bis zu Waffelmustern. Gibt es als Profigerät und in für den Haushalt tauglichen Größen. Ich benutze eine japanische Benriner Mandoline, die problemlos in jede Schublade passt. Für etwas kompliziertere Muster habe ich auch eine Profi-Mandoline.

Melange Blanc

Gewürzmischung aus der Ingo-Holland-Kollektion mit hohem Anteil an weißem Pfeffer und Zutaten wie Korianderkörnern, Jasminblüten und anderen exotischen Aromen. Eignet sich hervorragend für Fisch und Muscheln, aber auch Geflügel, Kalb und Milchlamm.

Melange Noir

Mischung aus drei verschiedenen schwarzen Pfeffern: schwarzer Pfeffer, langer Pfeffer und Kubebenpfeffer.

Mirepoix

In winzige Würfel geschnittenes Röstgemüse (Karotten, Sellerie, Zwiebel). Wird als Würzgemüse für Saucen und Fleisch verwendet. Namensgeber war der Herzog von Mirepoix im 18. Jahrhundert.

Mirin

Süßer japanischer Reiswein zum Aromatisieren, kann durch Sherry Fino ersetzt werden.

Murray River Pink Salt

Erfreulicherweise ist Salz nicht mehr nur noch Salz, sondern es werden sehr viele Salzspezialitäten angeboten. Diese können je nach Wunsch zur Unterstützung besonderer Geschmackserlebnisse eingesetzt werden. In guten Fachgeschäften, aber auch im Internet können alle Sorten erworben werden. Dies hier ist ein Spezialsalz, das aus einer Saline des Murray River in Australien gewonnen wird. Die rosa Färbung entsteht aus den Karotinen salztoleranter Algen.

N

Nappieren

Überziehen von Speisen mit Sauce auch gerne in Tröpfelform. Dies wird in der Regel vor dem Servieren gemacht. Im Gegensatz dazu das Saucieren, wobei ein Spiegel vor dem Anrichten aufgelegt und die Sauce neben dem Gericht angegossen wird.

Naturjus

Reiner Fleischsaft, der beim Braten von Geflügel oder Fleisch austritt und sich mit dem Bratensatz vermischt. Wird dann abgeschmeckt als Sauce ohne weitere Zutaten verwendet.

Noilly Prat

Französischer weißer Wermutwein, der zum Verfeinern von Saucenansätzen verwendet wird. In guten Supermärkten oder Getränkemärkten erhältlich.

P

Paprika, geräuchert

Nach dem Mahlen der getrockneten roten Paprikaschoten wird das Pulver über Eichenrauch leicht angeräuchert. Damit erhält man den speziellen Rauchgeschmack. Spanische Spezialität in den Geschmacksrichtungen »dulce« und »picante«, also süßlich und scharf.

Pankobrotbrösel

Brotbrösel aus dem japanischen Weißbrot (Pankobrot); ergibt bei panierten Gerichten eine besonders knusprige Hülle.

Perlhuhn

Ursprünglich westafrikanischer Fasanenvogel, der in Europa und Amerika auch als Hausgeflügel gehalten wird. Trocknet beim Braten leicht aus, deshalb mit Speckscheiben umwickeln oder sehr vorsichtig garen.

Pizzette

Kleinstformat der Pizza.

Poularde

Masthähnchen mit besonders zartem, festem, weißem Fleisch. Bekannteste Vertreter sind die Bress-Poularden. Masthähnchen aus heimischer oder regionaler Zucht sind genauso gut.

R

Ricotta

Italienischer Molkenkäse aus Kuh- oder Schafmilch. Dazu wird die abgeschiede Molke erneut gekocht, dabei bildet sich der Käse.

S

Salzzitronen

Aus der arabischen Küche stammende salzig eingemachte Zitronen. Das Verfahren ist zeitaufwendig, wenn man sie selbst einlegt. Mittlerweile in guten Fachgeschäften und über das Internet zu kaufen. Geben Gerichten einen sehr interessanten Geschmackskick.

Sauteuse

Hochrandige Topfform zum Anbraten und Schwenken von Gemüse oder Fisch- und Fleischgerichten oder zum Aufschlagen von Saucen.

Silpatmatte

Backmatte aus Silikon. Verhindert Ankleben des Backgutes.

Sous-vide

Garen im Vakuumbeutel bei gleichbleibender Niedrigtemperatur im Wasserbad oder in speziellen Temperaturöfen (Hold-o-mat).

Suprême

Das beste Stück eines Tieres auf besonders feine Art zubereitet. Beispielsweise Geflügelbrüstchen oder Filets besonders feiner Fische.

Szechuanpfeffer

Kein originärer Pfeffer, sondern die Beeren vom Gelbholzbaum. Als Aroma bringt er eine feinsäuerlich-scharfe Note in asiatische Gerichte und kann für überraschende Geschmacksentdeckungen sorgen. Wird auch als Fagara-, Anis- oder Chinesischer Pfeffer bezeichnet.

T

Taboulé

Arabisch-libanesischer Salat aus gequollenem Weizenschrot (Bulgur), vermischt mit Tomaten, Zwiebel, Petersilie und Minze, alles fein gehackt und in Olivenöl und Zitronensaft mariniert.

Tournieren

Fachausdruck für das professionelle Herrichten von Gemüse in besonders augenfälligen Formen. Wird auch verwendet für das Zusammenbinden von Geflügel, um ihm eine kompakte Form zu geben. Damit lassen sich gleichmäßige Garergebnisse erreichen.

V

Valrhona

Edelschokolade aus belgischer Fabrikation. Die 66-prozentige Gastronomique noir wird bevorzugt für Schokoladendesserts verwendet.

Vanillin

Synthetisch hergestellter Würzstoff der Vanille, in der Massenverwendung hat er die natürliche Vanille weitgehend verdrängt. In der guten Küche keine Alternative zu echter Vanille oder Vanillezucker.

Z

Zesten

Feiner Abrieb der Schale von Zitrusfrüchten. Entweder mit einer feinen Reibe oder mit dem Zestenreißer, wenn eine festere Zeste gewünscht wird.

Rezeptregister

Rezeptregister